en el

MARKETING

como en el

AM R

ESTEFANÍA CÁRDENAS

en el

MARKETING

como en el

AM R

Que la primera impresión
no sea la última

PAIDÓS EMPRESA

© 2023, Estefanía Cárdenas

Diseño de interiores: Víctor Santacruz Moreno
Diseño de portada: Planeta Arte & Diseño
Imágenes de portada: © iStock
Fotografía de la autora: © MrKIntegral

Derechos reservados

© 2023, Ediciones Culturales Paidós, S.A. de C.V.
Bajo el sello editorial PAIDÓS M.R.
Avenida Presidente Masarik núm. 111,
Piso 2, Polanco V Sección, Miguel Hidalgo
C.P. 11560, Ciudad de México
www.planetadelibros.com.mx
www.paidos.com.mx

Primera edición en formato epub: agosto de 2023
ISBN: 978-607-569-505-1

Primera edición impresa en México: agosto de 2023
ISBN: 978-607-569-477-1

Impreso en los talleres de Litográfica Ingramex, S.A. de C.V.
Centeno núm. 162-1, colonia Granjas Esmeralda, Ciudad de México
Impreso y hecho en México – *Printed and made in Mexico*

*El amor. Divina ciencia, fantasía y sonata
que nos lleva por la vida queriendo todo y teniendo nada.*

Me pregunté hace años si, para liderar un negocio exitoso, todo lo que se necesita es amor. Aunque para algunos los negocios y el amor tengan poco que ver, he aprendido que el amor es una inversión que produce rendimientos, tanto a corto como a largo plazo.

Puede leerse en este emocionante libro que «para que una marca sea amada por la gente, debe comenzar siendo amada por los propios empleados», y acá es donde nace el mantra del éxito.

No hay marca exitosa que no ame a sus empleados, clientes, accionistas, proveedores y viceversa. Porque el amor no es unidireccional, es recíproco. Para que haya amor tiene que haber confianza, generosidad, empatía y autenticidad. Para las marcas, lo opuesto al amor no es el odio, sino la indiferencia.

Anímate a leer este libro. En él encontrarás la pregunta a la respuesta más importante: siempre se trata de amor. El amor es el ingrediente menos secreto y menos usado. Por eso las marcas más exitosas no hablan de amor; aman y son amadas.

Andy Stalman, cofundador y CEO de TOTEM Branding

En la novela de García Márquez *El amor en los tiempos del cólera*, Florentino Ariza espera medio siglo por el amor de su vida, mientras que Estefanía Cárdenas, en su libro *En el marketing como en el amor*, teje los puntos de contacto entre su transitar amoroso y su pasión por la mercadotecnia con una narrativa amena que resulta entretenida, pero que, a diferencia de una novela, aporta lecciones concretas que te pueden llevar a reflexionar sobre tu transitar por los pasillos de un supermercado o también sobre lo inexacto del amor. La historia de Estefanía sigue el progreso de cómo el marketing se verá transformado por la inteligencia artificial —lo que probablemente también ocurra con el amor—, pero sin cambiar los motores básicos.

Rodrigo Pacheco, conductor del programa *Imagen Empresarial*

Conjugar el desarrollo profesional con la realización personal es complicado, y más cuando eres jefa de familia, madre soltera, empresaria y amiga. Pero cuando a esto le sumas escribir un libro sobre marketing, la sola idea se convierte en una proeza que solo Estefanía Cárdenas podría lograr con gran sentido. *En el marketing como en el amor* cumple su promesa al ofrecer herramientas para superar obstáculos y consolidar relaciones, no solo en tu vida laboral, sino también en el plano amoroso y familiar. Más que un libro práctico, Estefanía nos regala una experiencia de vida que inspira, a través de los ojos de una mujer apasionada por su trabajo y por la vida, con la sencillez y profundidad de quien sabe de lo que habla, pero sobre todo con inteligencia y mucho corazón.

Fernanda Familiar, periodista y escritora

Escribir un libro que explique con claridad la importancia del marketing y lo compare con los asuntos del corazón tiene su gracia. De hecho, nunca había leído algo parecido a *En el marketing como en el amor*. Y es lógico… ¿Cuántas veces hemos tenido la serenidad y la racionalidad para comparar estos temas?

En este libro, la brillante Estefanía nos presenta problemas cotidianos y recursos sencillos, pero poderosos, donde logra separar perfectamente el *qué* (la planificación estratégica) del *cómo* (la creatividad) y entrelazar la problemática con la solución. De una manera casi didáctica, nos enseña cuándo vender un producto y cuándo no volver a comprar otro; nos lleva de la mano para hacer un estudio de mercado y nos muestra con claridad los caminos para el diálogo, los baches que enfrentaremos y la curva al barranco en el que podríamos caer si no usamos correctamente el tiempo y la comunicación. Por si fuera poco, nos descubre nuevos canales de comunicación, desde lo digital hasta la publicidad de boca en boca, e ilustra con sencillez el poder de la creatividad, esa capacidad de cada ser humano para generar opciones y lograr algo.

Con *En el marketing como en el amor*, Estefanía Cárdenas debuta con el pie derecho. Si, como dice ella, «una marca no es marca si no tiene significación», ¿te has preguntado si tú la tienes?, ¿sabes lo qué significas? Lee este libro. Te va a convenir y te va a divertir.

Carlos Alazraki, periodista y experto en marketing

ÍNDICE

INTRODUCCIÓN

Escribir un libro es más difícil de lo que parece. Se supone, solo se supone, que debería ser sencillo descargar en papel todo lo que en la cabeza parece estar muy claro y estructurado. Pero no todo es una cuestión cerebral: los proyectos más valiosos suelen nacer del corazón.

En el marketing como en el amor se creó de la necesidad de compartir una pasión: que todo aquel que me leyera hablara al mismo ritmo que yo, que comprendiera mi tono acelerado al comentar una marca exitosa, que brincara de emoción conmigo al entrar a una tienda con un buen *display marketing* o que se hiperventilara como yo al ver una buena campaña. Necesitaba explicar lo que pasa en las composiciones de esas campañas publicitarias que nos hacen sentir y nos hacen comprar.

Para mí es muy importante entender y explicar el marketing como debería ser: ético. Y pienso también que debería tener como objetivo beneficiar tanto al que vende como a quien compra. De esta misma manera esperaba que fuera el amor: ético y que aportara un beneficio mutuo para el que propone un «felices para siempre» y para el que dice: «Yes I do».

Siempre y en todo lugar estamos haciendo marketing, lo descubrirás a lo largo de este libro y, con un poquito de reflexión, empezarás a observarlo en tu día a día. Cuando queremos vender, evidentemente hacemos marketing, pero también lo hacemos cuando compramos, cuando tenemos una idea y queremos explicársela a alguien, cuando buscamos un lugar en el equipo de futbol y, sobre todo, cuando queremos enamorar a quien nos gusta.

Algunas personas se encuentran con la importancia de un buen marketing a muy temprana edad; otras la descubren ya muy entradas en la carrera de la vida. Lo cierto es que nunca es tarde. Yo creía que mi carrera había nacido en Procter & Gamble, en mi paso como becaria asistiendo a la estratega de ventas al por mayor de productos de rápido consumo, o al lado de quien se encargaba de planogramar[1] para Walmart. Después pensaba que mi amor por el marketing había nacido la primera vez que entré a IKEA, recién casada, en un viaje de compras hogareñas a Estados Unidos. O quizás un poco antes, cuando trabajé en CEMEX, donde me enseñaron que, para que una marca sea amada por la gente, debe comenzar siendo amada por los propios empleados.

Pero tampoco fue ahí. Los inicios de esta pasión están en la oficina de intercambios de la universidad donde estudié, cuando el director del área internacional me encomendó, siendo prácticamente una niña, la logística del Congreso Mexicano para la Educación Internacional, creo que confiando en todo lo que mi entonces jefa, que se encontraba disfrutando de su permiso de maternidad, me había enseñado un año antes en el Congreso en Chihuahua: la precisión en los detalles, el cuidado en los promocionales, la supervisión de las artes, hasta el acomodo en las carpetas de contenidos que se entregan a los asistentes.

---

[1] Acomodar estratégicamente los estands del supermercado para incentivar la compra.

Sin embargo, querido lector, no hay que esperar hasta la universidad para entrar al mundo del marketing, pues lo hacemos desde que aprendemos a interpretar las reacciones de los otros a nuestros estímulos. Supongo que ocurre alrededor de los 2 años, cuando aprendemos que mostrándonos, actuando o «siendo» de una u otra forma, conseguiremos cierta reacción, actitud o respuesta de los demás. Esto lo aprendí cuando, caminando por el centro comercial, mi hijo, que en ese entonces tenía entre 2 y 3 años, decidió tirarse al piso después de pedirme con gran insistencia una paleta helada. Así, frente a los ojos juzgones de todos los espectadores, él sabía que las probabilidades de obtener la paleta crecían al hacer berrinche.

Es claro que mi hijo en ese momento no estaba creando una estrategia calculadora para tener la paleta. O al menos eso creo. Pero sabía de manera intuitiva que estaba provocando en mí una emoción, que eso tendría una reacción y, probablemente, una respuesta favorable para él. Llamaba, sin lugar a dudas, mi atención y la de todos los ahí presentes. En cuestión de minutos él estaba con una sonrisa enorme comiendo su deseada paleta. Sé que no fue la mejor decisión en ese momento… o tal vez sí, no lo sé, ya que ahí descubrí algo que después cambiaría mi vida.

A los 2 años, nuestro interés no es provocar una emoción determinada, más bien, el curso que le damos a lo que vamos aprendiendo es instintivo. La verdadera necesidad de provocar sensaciones, el momento justo en el que empezamos a crear estrategias para generar sentimientos o emociones y lograr que alguien actúe de manera consentida no surge cuando queremos desesperadamente una paleta. No. En realidad, la primera vez que ocupamos nuestra mente, inteligencia, experiencia y todos nuestros recursos hasta entonces disponibles para mandar un

17

mensaje, esperando con ansia, emoción, nervios, e incluso miedo, una respuesta positiva del otro, sin lugar a dudas es cuando nos enamoramos por primera vez. Piénsalo. El día que descubres que tu corazón late y tu respiración se acelera por alguien, surge en automático una inspiración nunca antes experimentada por mostrarte de la mejor manera posible. Empieza la cacería por la mente del consumidor.

Así pasamos el resto de nuestras vidas. En una u otra etapa del amor, aplicamos todos y cada uno de los fundamentos del marketing; entonces todos, sin excepción, somos mercadólogos de alguna forma. Es fenomenal que lo seamos y lo apliquemos en el amor. Ahora, aquí, en este libro, vamos a volvernos conscientes de las estrategias que empleamos en este ámbito para poder transportarlas a donde queramos.

Mucho se habla —sobre todo últimamente— de los poderes extrasensoriales de la mercadotecnia, de lo fabulosas (o desastrosas) que resultan las campañas publicitarias para las empresas y de las siempre revolucionarias y sorprendentes redes sociales con su inesperado poder de alcance. Aquí te explico con manzanas de qué va todo ese rollo del marketing: análisis de mercados, posicionamientos de marca, benchmarking, evaluaciones de perspectivas, creación de campañas digitales y optimización de recursos creativos para consolidar relaciones con los clientes. Al terminar este libro te volverás consciente de que todo lo que haces en el amor puedes extrapolarlo a los negocios, a la escuela o al gimnasio; encontrarás momentos de declive, gestión de crisis, superación de obstáculos y replanteamiento de objetivos, y construirás economías productivas impulsadas por esta maravillosa ciencia: la de seguir una estrategia para generar sentimientos o emociones en otro y lograr que consienta a lo que tú quieras.

Mi mamá dice que mi vida es una interminable telenovela. Y es verdad. Todo esto te lo cuento desde mis fatídicas y emocionantes vivencias en el amor, así que también encontrarás corazones rotos, frenesí, amargura y esperanza porque, a fin de cuentas, las relaciones son relaciones, no importa si hablamos de alguien a quien le echaste el ojo y te hace volar cada que te habla o de esa marca de tenis que compraste quién sabe por qué.

Amarás muchas, muchas veces —incluso cuando te resistas— y estarás en tantas situaciones en las que tendrás que convencer a otros que necesitarás una conjunción de estrategias y tácticas bien pensadas para lograrlo. Yo estoy aquí para compartir contigo las que he aprendido para que sepas cómo venderte y descubras qué herramientas usar. Te aseguro que, cuando termines este libro, tus posibilidades para entender mejor tus relaciones personales y comerciales habrán crecido sobremanera; el marketing cobrará sentido y entenderás por qué para los humanos es una ciencia tan fundamental. Y aquí entre nos, del amor también vas a aprender muchísimo. Por los golpes no te preocupes: ya me los llevé yo. Así que te acompañaré en este viaje para que comiences a vender tu mejor versión al prójimo.

¿Estás emprendiendo? ¿Tienes una empresa y quieres recuperar movimiento? ¿Estás estudiando marketing o alguna carrera publicitaria o empresarial? ¿Quieres aprender a generar negocios desde la satisfacción de los consumidores? Este libro es para ti. ¿Eres mi mamá y llevas cuatro años esperando leer mis confidencias en este libro? Pues este libro también es para ti.

19

CAPÍTULO 1

DEL AMOR Y OTRAS CUESTIONES

Debo decir que lo que aquí leerás puede resumirse en una sola frase: «Generar una emoción exige primero *sentirla*». Entonces por definición:

El marketing, como el amor, viene del corazón.

Hay algunos sentimientos implícitos en las ventas o la publicidad que son naturalmente perceptibles: el impulso, la emoción, la satisfacción, la empatía y, por supuesto, la felicidad. (Cuidado con aquellos que dicen que el marketing no es felicidad. ¡Te están engañando!).

Entiendo que el tema pueda tocar algunas susceptibilidades, que si los valores, que si la banalidad, que si el consumismo… pero aceptémoslo: sin ánimo de exagerar, están exagerando. Es necesario un equilibrio. Sí. Pero comprar y vender en la época actual determinan el pilar de nuestro ecosistema social. Si no compras y no vendes, no ganas. Si no ganas, no tienes. Si no tienes, no puedes seguir comprando. Lo que desencadenará un declive en espiral hasta no quiero contarte dónde. Por eso dicen por ahí: «Por el bien de la familia, primero el negocio».

¿Y cómo logras comprar y vender? ¡Ah! Pues para ello necesitas el marketing. No creo necesario explicarlo, es un conocimiento de dominio público. Ahora bien, para hacer marketing necesitas conocer, sentir y ser capaz de generar emociones. ¿Por qué? Porque las emociones se propagan, son como una plaga. Debes sentir y creer para que te sientan y te crean.

Eso tan loco que llamamos *emociones*

Las emociones, querido lector, lo mueven todo. Impregnan nuestro ADN. Por pequeñitas que parezcan y por mucho que queramos esconderlas, existen. Perduran al paso del tiempo; permean cada generación; están presentes en todas las relaciones, incluso en las comerciales.

Tan solo, dime, ¿qué sientes cuando compras? Cuando, por fin, reúnes el dinero suficiente para ese auto que tanto soñaste; cuando logras comprar esa bolsa que le va tan bien a tu refinada personalidad; cuando terminas esa compra en línea que te pondrá directo en el avión, con destino a tus próximas vacaciones… ¿Qué sientes? Yo te lo digo: emoción, satisfacción, ilusión, adrenalina, impulso.

¿Y qué sientes cuando vendes? Cuando por fin logras vender el último *brownie* de tu canasta del día y aumentas tu fondo de intercambio;[1] cuando ves lleno el restaurante que apenas hace unas semanas abriste; cuando recibes una cantidad

[1] Un fondo de intercambio es un flujo de financiación donde un inversionista puede cambiar de unidad de fondo para permitir una mayor diversificación de las inversiones.

creciente de *leads*[2] en tus campañas digitales de conversión;[3] cuando llegas a la meta de ventas del mes que te lleva directito al bono del GAP... ¿Qué sientes? Así es: emoción, satisfacción, ilusión, adrenalina, impulso.

Es exactamente lo que sentiste cuando ese galán te pidió tu número de teléfono. Es lo que sentiste cuando esa chica te dijo: «Sí, quiero ser tu novia». Es lo que sentiste cuando caminabas de la mano con tu pareja en público: emoción, ilusión, satisfacción, adrenalina, impulso.

Las relaciones están llenas de eso, de emociones, de marketing, de amor.

Los seres humanos nacemos dotados de sabiduría, solo que la *sentimos*, mas no la comprendemos. Es mucho más fácil de lo que parece. ¿Eres capaz de hacer sentir algo a alguien? Entonces eres capaz de vender. ¿Eres capaz de convencer de algo a alguien? Entonces eres capaz de publicitar. ¿Eres capaz de enamorar y enamorarte de alguien? Entonces eres capaz de hacer marketing.

En esencia, el marketing es negocio. Es esa capacidad de procesar información, de crear emociones y de generar reacciones. Es el negocio más redituable hoy en día. Si no, pregúntale a nuestro amigo Zuckerberg.

No obstante, las emociones que no perduran se olvidan. Si se olvidan, no trascienden. Y si no trascienden, no son tan redituables.

---

[2] Se llama *lead* al cliente potencial que ha entregado sus datos a la empresa tras demostrar interés en algún producto, de manera que pasa a formar parte de una base de datos que facilita a la empresa mantener contacto con él.

[3] Las campañas de conversión son una estrategia de marketing que encamina a un cliente potencial a realizar una o varias acciones enfocadas a los propósitos de la empresa, como llenar formularios, entregar sus datos, aceptar publicidad, entre otras.

23

La conquista y atracción de nuevos clientes son un esfuerzo grande y costoso. Si son un *one night stand*, te va a salir carísimo. Debes lograr que repitan dos, tres, cuatro veces... O mejor aún: ¡toda la vida! Solo entonces, lo invertido será de verdad redituable.

¡Ay! El amor, el amor...

> «El amor no es más que otro término para describir lo que nunca caduca».
>
> Jonah Lehrer, *Sobre el amor*

¿A qué se viene a esta vida si no a crear momentos que nos roben el aliento? ¿A qué, si no a encontrarnos embriagados por la plenitud que el derroche del amor provoca? ¿A qué, si no a compartir con otras almas el calor intenso que la nuestra emana?

¡Ay, el amor! Esa ciencia mítica y maravillosa, que sigue sin tener respuestas y sin terminar de crear las preguntas. Esa tarea pendiente que asumimos a cierta edad y que nos acompaña marcando nuestros caminos. El amor —tormento en algunas ocasiones— es capaz de iluminar y maravillar cualquier escenario, haciéndonos olvidar los sinsabores de la vida para provocarnos la gloria de amar y ser amados.

Fuera de lo romántico y cursi del amor, Jonah Lehrer explica, en el principio de su libro *Sobre el amor*, que no sabemos distinguir muy bien entre placer, deleite, hábito, apego y amor. Esta es la tesis de su libro:

el amor es el único sentimiento perdurable. Es lo contrario a la ropa interior. Es la antítesis de la tarta de chocolate. No es placer, ni pasión, ni gozo. Mejor dicho, es todas estas cosas, pero solo cuando perduran. A pesar de que por lo general definimos el amor en función de su intensidad —es lo más de lo más—, el poder del sentimiento únicamente se entiende con el paso del tiempo, dado que es lo que el tiempo no puede destruir.[4]

Placer, pasión y gozo que nunca caducan. Se reinventan cada día para formar lo que describen cuatro letras: AMOR. Aunque podrían perfectamente describirse también en nueve: MARKETING. Basta con entender que el camino del marketing busca lo mismo: placer, pasión y gozo que, de preferencia, se reinventen constantemente para nunca caducar.

Jonah Lehrer dice también: «Enamorarse es aprender, finalmente, lo que es desear a otro ser más que cualquier cosa que jamás hayamos deseado. El amor es un mero deseo incontenible, un placer tan intenso que se apropia de la mente»; si esto es cierto, el amor debería ser entonces el principio fundamental del marketing.

Deseos que se apropian de la mente. Hábitos que no dejan de proporcionar satisfacción y que perduran en el tiempo. ¿No es ese acaso el objetivo de los creadores de marcas, productos y servicios? Si no es así, debería serlo.

Entender el marketing con la profundidad del amor, pero también con esa necesidad de permanencia, podría llevarnos a crear relaciones comerciales satisfactorias para ambas partes y que, además, sean para toda la vida, que perduren.

Nuestro querido maestro Kotler, gurú supremo de muchos de los que amamos el arte de hacer mercadotecnia, definía esta ciencia así: «El marketing es un proceso social y administrativo

---

[4] Jonah Lehrer, *¿Por qué el amor es amor? Las claves artísticas y psicológicas del sentimiento más universal,* Aguilar, 2018.

mediante el cual grupos e individuos obtienen lo que necesitan y desean a través de generar, ofrecer e intercambiar productos de valor con sus semejantes».[5] A su vez, el amor podría definirse como un indudable proceso social, administrable, mediante el cual, grupos (por lo común, parejas) e individuos obtienen lo que necesitan y desean a través de generar, ofrecer e intercambiar *emociones* de valor con sus semejantes.

> Amor y marketing están siempre en proceso constante de innovación y renovación.

Es conociendo esos procesos que podemos mejorarlos. Solo entendiéndolos podemos construir relaciones emocionales y comerciales sólidas, satisfactorias y redituables. Los paralelismos y las similitudes entre amor y marketing son muchas. Tantas que las dos materias podrían estudiarse en conjunto.

En estos tiempos, en los que el protagonismo de los clientes en los procesos de consumo ha cobrado relevancia, en los que la humanización de las marcas apremia y los valores como seres humanos nos llevan de la mano a superar adversidades, es importante lo que en este libro encontraremos: procesos símiles que nos lleven a superar obstáculos y a consolidar relaciones.

Psicología de género

Los hombres son de Marte, las mujeres son de Venus[6] es el título de un conocido libro sobre relaciones interpersonales y psi-

---

[5] Philip Kotler, *Dirección de mercadotecnia. Análisis, planeación, implementación y control*, Pearson Educación, 2001, p. 7.

[6] John Gray, *Los hombres son de Marte, las mujeres son de Venus*, Harper Collins, 1992.

cología de género. He hablado mucho de este tema con mi psicóloga del amor. Ella dice que el trato que les demos a los hombres debe ser diferente del que les demos a las mujeres, *psicología de género*, lo llama ella. Yo soy más creyente de humanidades y emociones, pero a lo largo de mi vida amorosa y como mercadóloga, he tenido que entender que algo de razón tiene eso de la psicología de género.

Hombres y mujeres no somos iguales ni reaccionamos igual; diles eso a las integrantes de la Red Nacional de Mujeres Defensoras de la Paridad en Todo (eso en realidad existe, con ese nombre). Creo mucho más en complementarnos que en medirnos iguales. Y aunque este libro es sobre marketing y amor, para humanos en general, es cierto que hombres y mujeres reaccionamos diferente a ciertos estímulos, pero esto entra en la investigación de mercados y los lenguajes de comunicación. No solo debemos adaptar nuestro mensaje según el género, sino también habríamos de hacerlo de acuerdo con los intereses, la filosofía de vida, los rasgos de comportamiento, etc.; eso nos ayudaría muchísimo a conectar mejor con los demás.

No es igual mandar flores (que por sí mismo es un gesto lindo) que mandar LAS flores que más le gustan sin que te lo haya dicho, después de haber consultado a sus amigas para que le lleguen de sorpresa. Y vamos, seamos honestos, no conozco a muchos hombres a los que les parezca interesante recibir flores (por supuesto, hay sus excepciones, como en todo); ellos valorarían más unos boletos para un partido con gorras incluidas. No voy a extenderme en este tema, solo quiero decirte que NO somos iguales, aunque, claro, todos apreciamos la atención.

27

CAPÍTULO 2

CONQUISTA

Verse bien, saberse bien y poder proyectar con seguridad un interior congruente con lo que se percibe en el exterior sería lo óptimo. Es casi una fórmula para tener éxito en los círculos sociales, la fórmula perfecta para ganar credibilidad y confianza.

Sabiéndolo manejar, el arte de la comunicación permite a productos, marcas y, por supuesto, personas lograr una entrada triunfal en mentes y corazones. Como en las viejas cruzadas, es cuestión de conquistar.

Como te ven te tratan: el empaque

En el marketing como en el amor, como te ven te tratan. Lo que provoques con la primera impresión puede facilitarte mucho el camino... o no.

Despiertas pensando en esa persona. Revisas rápido tu celular en espera de un «¡Buenos días!» en WhatsApp. Ya cambiaste tu foto de perfil por una en la que, aseguras, te ves muy bien. También actualizaste tu estado con una frase interesante y desactivaste la alerta de última conexión para generar expectativa. Tratas de cuidar cada detalle. Si sabes que estará corriendo en el parque por la mañana o en el gimnasio, combinas tu ropa deportiva y, dentro de lo razonable, intentas verte bien. Hombres y mujeres lo hacemos. Por supuesto, no es que comúnmente salgas a correr en pijama y ahora estés intentando mostrar algo que no eres. Sí lo eres. Solo que antes no había tanta inspiración.

> Cuando tienes una idea de negocio y te llega la inspiración, quieres que todos allá afuera vean la mejor parte de tu idea.

Así es el marketing. Cuando tienes una idea de negocio y te llega la inspiración, quieres que todos allá afuera vean la mejor parte de tu idea, así, arregladita desde temprano. Tus posibles clientes, inversionistas, críticos o evaluadores se convierten en ese *crush* que esperas que escriba: «¡Buenos días!».

Dicen que el amor entra por los ojos. Estamos diseñados y moldeados culturalmente para ir tras eso que nos genera atracción. Por ello, las mujeres buscamos llamar la atención usando colores vibrantes y zapatos altos. Los hombres van un poco más allá: lanzan anzuelos con relojes ostentosos o poderosos autos. Todo tiene un fundamento muy lógico. En esta selva de concreto, el rey es quien, de entrada, logra que su presa se sienta atraída.

Como explica Naomi Klein en el capítulo «Las marcas se expanden» de su libro *No logo*,[1] a lo largo de varias décadas, las etiquetas han dejado de estar escondidas para ocupar casi el cien por ciento de las prendas, cual si fueran marquesinas que anuncian los nombres y logotipos de sus diseñadores. Ralph

[1] Naomi Klein, *No logo: el poder de las marcas*, Barcerlona, Paidós Ibérica, 2001.

30

Lauren y Lacoste pasaron de los campos de golf y polo a las calles, dejándose notar sutilmente, mostrándose determinados a que el logo se exhibiera en el exterior de las camisas, lo que provocó rápidamente que se les sumaran otras marcas como Calvin Klein, Esprit y, en Canadá, Roots. Así nació la competencia por las miradas de los potenciales usuarios. Mientras más vistosa se volvía la marca en las prendas de miles de personas, otros tantos miles se sumaban a querer portarlas.

En el reino animal, llamar la atención es cuestión de supervivencia, es esencial para la reproducción, por eso brillan las luciérnagas: las hembras, en el piso; los machos, volando en el cielo. El brillo de la hembra atrae al macho; el brillo intenso del macho logra convencer a la hembra. Somos animales evolucionados, con conciencia y raciocinio, pero de ahí venimos, del instinto. Y el instinto funciona de manera similar tanto en el marketing como en el amor: el que más brilla es el que, de entrada, logra atraer.

El tema de las luciérnagas me lo explicaron en un viaje de fin de semana a Michoacán, México, en un nuevo santuario donde la atracción turística era ver a estos sorprendentes insectos por la noche. La historia la aprendí muy bien no solo por las luciérnagas —al final ni vimos tantas—, sino por el amigo del novio de mi amiga, quien terminó brillando mucho. Y sí, me convenció. No supe cómo ni cuándo, pero llamó mi atención. Tanto que días después del viaje yo seguía pensando en él... y él seguía lanzándome anzuelos. Aunque no era el prototipo de hombre en el que me fijaría, brilló y, como luciérnaga, caí.

En el marketing como en el amor, el que más brilla es el que logra atraer.

Esperando a que voltee

¿Cuántas mujeres al día pueden pasar frente al chico que te gusta? ¿Cómo lograrás diferenciarte? ¿Cómo lograrás asegurarte de que sepa que existes?

¿Cuántos hombres estarán en búsqueda de un poquito de atención de una musa? ¿Cuántos de ellos podrán tener unos minutos de esa que planeas sea la madre de tus hijos? ¿Cómo lograrás asegurarte de que sepa que existes?

No sé cómo hacen los jóvenes de hoy en día cuando tienen un *crush* en la escuela. En mis tiempos, el chico en cuestión esperaba a la salida. Cuando estaba en la preparatoria, era común ver a esa hora en la entrada de la escuela a un grupo de muchachos parados en la banqueta intentando llamar la atención, y después, a un desfile de damiselas adolescentes mostrando sus atractivos pasos.

«Te mandó saludar Fulano», corría el mensajero a decirte. Era la señal esperada para saber que habías flechado a uno de los candidatos. «Dile que le mando saludos también», la respuesta que sellaba el pacto de atracción que apenas comenzaba. Claro, no era cosa de un solo día. El trabajo constaba de varios anzuelos que ambas partes lanzaban en el transcurso de varias jornadas. Miradas coquetas en el salón, sonrisas fugaces en el receso, recursos visuales puestos al servicio de la galantería. Antes de establecer el contacto, debíamos voltear a vernos.

Así pasábamos las clases tratando de resultar interesantes para el sujeto en cuestión. En el receso, intentábamos ser coquetas con cierta prudencia; ellos buscaban verse galanes. Todo con el objetivo de preparar el terreno de cara a la hora de la salida. Pero no bastaba con estar disponibles, debíamos estar interesadas en el susodicho pez. Sin disposición, el ciclo tendría que empezar de nuevo.

En el marketing como en el amor, la disponibilidad es importante, la disposición, más.

Siempre que voy al supermercado con hambre, me pasa lo mismo que a casi todo el mundo: lleno el carrito de carbohidratos y de cosas que sé que me saciarán rápidamente y cubrirán esa necesidad inmediata. El tiempo que invierto en decidir entre un producto y otro es mínimo. Tengo hambre y quiero comer. Si en las estanterías hay cien tipos de galletas y no tengo ningún favorito, honestamente me da igual. Tiro al carrito las primeras que pueda… o cuando menos, eso pensaba.

33

Los anaqueles del supermercado están estratégicamente diseñados para que tomes entre tus manos el producto que quieren que lleves al carrito, a la caja, a tu casa y a tu consumo. Uno de los secretos más codiciados de las marcas presentes en las tiendas es la forma de acomodar los productos en los anaqueles. Después de hoy, cada que vayas al súper, seguro tratarás de corroborar lo que aquí te cuento.

Existe una ciencia mágica poderosísima llamada *planogramar*. La conocí cuando entré a trabajar a Procter & Gamble. No había terminado aún la universidad, y aunque había trabajado ya por varios años, ese era el principio de mi carrera laboral. P&G es una de las empresas más importantes en temas de marketing. Dicen, incluso, que es una verdadera escuela de mercadotecnia.

> Existe una ciencia mágica poderosísima llamada *planogramar.*

Y estoy de acuerdo. Es impresionante todo lo que se aprende dentro de esas oficinas.

Una particularidad de la empresa es su cultura laboral. En ese tiempo, yo era *banda 1*, como en P&G se conoce a quienes trabajan en el nivel más bajo del corporativo. Todos, absolutamente todos los empleados, sin excepción alguna, pasaron por banda 1 al inicio de su carrera; para poder ser jefe, gerente o director tienes que haber pasado por todas las bandas previas. Tal vez por eso, quienes alguna vez pasamos por ahí llevamos en nuestro ADN a la compañía. Una vez procteriano, siempre procteriano.

En ese entonces, Hugo Castillo abrió su computadora. Me enseñó una imagen en un programa que parecía para arquitectos y me fue mostrando mapas de todo el supermercado. Me explicó qué se encontraba en cada nivel y cómo se decidía el acomodo de todos y cada uno de los productos, de todas y cada una de las marcas.

Resulta que, como ya te habrás dado cuenta, los pasillos están ordenados por productos. Eso es obvio, las pastas de dientes están todas en la misma área, pero no en la misma posición. El lugar que ocupen en el anaquel será clave para definir el porcentaje de ventas que tendrán en comparación con la competencia. Pero no solo eso. Ese porcentaje de ventas, a la larga, determinará que puedan ser ellos mismos los que elijan dónde acomodar en el anaquel no solo sus productos, sino ¡la categoría completa!

Las marcas que se ponen al alcance de nuestras manos, justo entre las repisas más altas y las más bajas, son generalmente las más caras. Es costo de oportunidad. Unos centavos más por no tener que agacharse o estirar la mano. ¿Qué son unos cuantos centavitos contra esa agotante tarea?

Las marcas más baratas se colocan en los estantes bajos y en los altos. Si quieren buenos precios, pues... que los busquen. Si llegas al supermercado sin una marca en mente, es muy probable que tomes la que se encuentra en las repisas de en medio.

Me gusta observar cómo la teoría se transforma en práctica. Es decir, ver en primera fila el comportamiento del consumidor. Así que un día le pedí a una amiga no mercadóloga que me acompañara al súper.

> Si llegas al supermercado sin una marca en mente, tomarás la que se encuentra en las repisas de en medio.

Con el pretexto de no tener mucho tiempo y de necesitar ayuda para hacer el súper, le di una parte de mi larga lista de compras; por supuesto, me aseguré de incluir productos que no fueran de uso tan común: aceite de coco, mostaza de Dijon, semillas de chía y té de manzanilla, entre otras cosas. Sabía que eran productos que ella no acostumbraba comprar. Al final del recorrido nos encontramos en la caja, pagamos y nos fuimos sin comentar más.

Evidentemente regresé al mismo supermercado unos días más tarde. Recorrí los pasillos en búsqueda de los productos que compró. Todos, absolutamente todos, estaban en las estanterías centrales. Marcas había varias, precios también, pero con prisa y sin conocimientos previos, ella tomó los que estaban a su alcance.

Por obvias razones (las prisas, la facilidad y la comodidad), tendemos a tomar las marcas que están al alcance, por lo tanto, son las que venden más. Son estas posiciones las más codiciadas porque prácticamente aseguran la compra. A menos que alguna marca de las escondidas brille con luz propia.

Brillar con luz propia es una conocida estrategia para migrar de *tier* (es decir, moverte en el anaquel a los lugares más

35

codiciados). Como ya dije, para estar en esa privilegiada posición hay alguien que acomoda a los demás en otros sitios, siempre incentivando el crecimiento de ventas en toda la categoría.

El acomodo lo deciden los *catman* (que nada tienen que ver con los gatos). Son los *category manager* los superhéroes excelsos que se han ganado el lugar privilegiado y que deciden cómo planogramar todo el anaquel. Ellos acomodan sus productos y los de sus amigos, también los de sus no tan amigos, que por obligación del inexistente código de ética de los *catman* deben ayudar a vender.

Para avanzar en ese camino, hay que vender. Para vender, hay que existir. Y para existir, te tienen que ver. Entonces, los ingenieros de empaque tienen una ardua tarea: asegurarse de llamar tu atención en el supermercado para vencer ese temido obstáculo de estar ubicado muy arriba o muy abajo en los anaqueles; captar tu atención en los segundos que volteas con prisa al estante y ser esa estrella en el firmamento que provoca tu curiosidad para darle al producto una oportunidad en tu carrito.

Pasa exactamente igual en el amor, solo que ahí tú eres tu propio ingeniero de empaque, por eso inviertes tiempo en el espejo antes de salir de fiesta con tu *crush*, por eso pules tus zapatos y por eso gastas tanto dinero en ropa y accesorios. Estás queriendo migrar de *tier* y llamar la atención de tu futuro y muy probable consumidor. Así que entendiendo esto, el gasto que haces en ti mismo está plenamente justificado, es una inversión fundamentada porque, cuando tienes a alguien en la mira, lo primero que debes asegurar es que voltee a verte.

> Cuando tienes a alguien en la mira, lo primero que debes asegurar es que voltee a verte.

Ese brillo en sus ojos cuando te mira

En el marketing como en el amor, no hay armadura que aguante una emoción dirigida.

Tengo un hijo de 10 años que, es definitivamente mi talón de Aquiles. Estoy perdidamente enamorada de él, y su carita de ternura le hace posible convencerme de casi cualquier cosa. Es así, soy mamá.

Si también eres padre, tío o convives con niños, seguro habrás sido testigo de algún berrinche, ese acto protagónico del pequeño donde los decibeles de su voz rebasan los límites y el *performance* en el suelo es casi una acrobacia. Un talento de nacimiento que los niños tienen y que a mí me llevó a descubrir los dotes innatos de los seres humanos para el marketing.

Cuando él tenía 2 años, estábamos en un centro comercial uno de esos días en que la vibra del momento no es precisamente la mejor. Hacía calor, llevábamos mucho tiempo sin comer y la tensión entre el grupo se sentía fuerte. Esperábamos que nos asignaran mesa en un popular restaurante con lista de espera de 45 minutos. Y entonces sucedió: Mauricito, mi hijo, decidió no querer esperar más y manifestó su momentánea frustración. Quería una paleta helada. Para él no era importante en ese momento si debíamos esperar en la fila o no. No le importaba lo fuerte que estuviera gritando, cuánta gente estuviera viendo su espectáculo ni lo apenada que estaba empezando a sentirme. Él quería una paleta.

Después de 15 lentos minutos —que parecieron interminables— de estar escuchando su potente llanto y sentir cómo

37

jaloneaba mi pantalón mientras permanecía tirado en el suelo del centro comercial, ¡no pude más! Me ganó el amor de madre, o lo que es más cierto, la necesidad de que parara el berrinche y dejar de ser el centro de atención de la multitud. Le compré la paleta.

Perdí. Sí. Caí rendida ante sus estímulos por llamar mi atención. Cedí ante sus insistentes exigencias de atención. Me tenía en su poder. Un grito más y mi paciencia colapsaría, convirtiéndome en lady *mommy monster*. Luego de ir a la heladería y regresar a la fila de espera del restaurante con un feliz y sonriente niño de 2 años comiendo una paleta de limón, caminando de mi mano y luciendo con orgullo la hermosa paz que emanaba de mí y que me hacía una mamá feliz, entendí que ese niño era un mercadólogo en potencia. Claro, tiene genes adecuados: su mamá es *marketera* de corazón; su abuelo, político; y su papá tiene indiscutibles poderes para negociar.

Pero esa no era la razón de su talento. Ese talento lo tenía él, instintivamente. Ese talento lo tenemos TODOS, unos más desarrollado que otros, pero todos, en algún momento y en determinadas circunstancias, somos capaces de llamar la atención. Queremos llamar la atención. Necesitamos hacerlo. Ya sea poniendo especial interés en tu *outfit* cuando sabes que verás a tu *crush* o moviendo las emociones, de manera positiva o no, de quien puede satisfacer tu necesidad inmediata, buscas llamar la atención. Ese es el primer paso hacia la conquista.

Estrategias para atraer a tus posibles clientes hay muchas. Puedes imprimir volantes y repartirlos en las esquinas, contratar anuncios en la televisión o ponerte a gritar afuera de tu tienda para que pasen a conocerte. Formas de publicidad también hay muchas; lo importante al elegir cuál usar se encuentra en el *cómo* recibirá tu cliente esa estrategia.

Si quisieras llamar la atención de la chica que te gusta, me imagino que no entrarías intempestivamente al lugar donde se encuentra para darle una foto tuya con tu teléfono escrito al reverso, ¿verdad? Ella no se sentiría cómoda. Entonces ¿por qué sigues repartiendo volantes a gente que NO te los pide? Para saber cómo llamar efectivamente la atención en el marketing y en el amor, primero debes saber qué quiere tu cliente.

El objetivo momentáneo es que te voltee a ver. Después será hacer que sus ojos se iluminen cuando te vea, y entonces, ese brillo en sus ojos será la clave de tu permanencia en su mente y en su corazón. Mientras te mire bonito, lo estás haciendo bien.

En el marketing como en el amor, primero debes saber qué quiere tu cliente.

Una baratija bien maquilladita

Imagina que vas al supermercado buscando un shampoo para tu cabello, uno que no has usado aún; te sientes valiente y quieres darle la oportunidad a alguna novedad que te sorprenda dejándote una cabellera hermosa desde la primera lavada. Ya has visto muchos comerciales y definitivamente quieres en tu cabello el efecto mágico que parecen tener los que salen en la televisión. Como no sabes mucho de shampoos del supermercado, recorres los pasillos confiando en tu intuición, o lo que tú crees que es tu sexto sentido, para mostrarte el camino.

Luego de un rato de recorrer la sección de productos para el cabello, encuentras el que crees que será tu compra ideal. Es por demás llamativo: en la etiqueta promete maravillas, su empaque es innovador, vistoso y, sin lugar a dudas, deslumbrante.

Toda la seguridad que te hace sentir merece una oportunidad. No es muy barato, pero lo bueno cuesta.

Con la emoción de las primeras veces, llegas a tu casa con prisa por probar el shampoo que acabas de comprar. Casi que creas un ritual para disfrutar la experiencia, te sientes con la confianza suficiente en tu decisión y estás esperando el resultado con emoción. Unas horas después, cuando ya has lavado y secado tu cabello, comienzas a sentir un poco de ansiedad, no has visto resultados favorables y, lo que es peor, tu cabello no se siente nada suave. Probablemente toma tiempo, tal vez tienes que dejar que la magia haga su labor. En las siguientes ocasiones irá tomando fuerza y tu sueño se hará realidad.

Ya pasó un mes. El shampoo está por acabarse y tu cabello está peor que nunca, seco y difícil de manejar. Sientes mucho enojo y quieres regresar al supermercado a reclamar la devolución de tu dinero; no solo eso, ahora ¿cómo recuperarás la salud de tu cabello y revertirás los efectos de ese fiasco de producto? ¡Pero si se veía muy bonito! Inspiraba confianza. Tu intuición te llevó a comprarlo. ¿Qué hiciste mal?

En el marketing como en el amor, la congruencia es muy importante, un empaque bonito nunca es suficiente.

Casi siempre cuento historias mías, pero en esta ocasión compartiré la historia de un muy buen amigo, que tal vez, solo tal vez, es mi exmarido.

Este hombre guapo, de interesantes autos y buenos sentimientos —pero con muchos defectos—, conoció en algún sitio (Tinder, seguramente) a una rubia deslumbrante. La primera vez que vi las fotos de su nueva conquista, me quedé con la boca abierta. ¡Era una mujer guapísima! Internet me dijo que era una exitosa profesionista, y sus redes sociales mostraban la nobleza de su corazón al adoptar perritos de la calle. Una auténtica princesa. No voy a negar que sentí un poco de estrés, ese que aparece cuando la autoestima está un poquito lastimada y crees que alguien es mejor que tú, o más bien, cuando te sientes insuficiente.

Pasaron los meses y seguían subiendo fotos de sus románticos viajes y de lo bien que la pasaban. El hombre en cuestión ya se había olvidado de ciertas obsesiones que solía tener con su espectacular exesposa, y su vida de familia feliz parecía salida de un cuento. Ni tardo ni perezoso, la invitó a vivir con él. Total, inspiraba mucha confianza y seguridad; a simple vista parecía ser perfecta para la ecuación.

Duraron viviendo juntos cerca de dos meses, después de los cuales el señor estaba que corría desesperado. No sé mucho de lo que pasó entre ellos. Él para nada es una blanca palomita, pero de pronto estaba totalmente decidido a que la princesa del cuento no volviera a poner un pie en su castillo. Tiempo después, me enteré, como chisme de pueblo, que la rubia princesa no era una persona muy estable. No tengo ni derecho ni información para hablar mal de ella, solo puedo decir que, en definitiva, no era lo que aparentaba.

Y sí, las dos historias se leen bastante tensas. Los empaques que atraen son muy positivos siempre y cuando el contenido sea bueno también. Y, dejando de hablar del shampoo o de la rubia, aclaremos dos puntos importantes: no se trata de intuición, las cosas llamativas mandan mensajes a tu cerebro que lo estimulan para querer lo más brillante, ya lo vimos con el ejemplo de las luciérnagas. Y el otro punto importante se trata de

41

TU empaque y TU contenido. (Es más fácil ejemplificar con casos externos: a los seres humanos se nos da muy bien juzgar; analizarnos, no tanto).

Creo que este es un buen momento para entender que enfocarte en la atracción que generas es bueno, siempre y cuando tengas el firme compromiso de ser congruente entre lo que proyectas y lo que entregas. No se vale esforzarse tanto por que volteen a verte y logres conquistar a tu próximo cliente si no pones el mismo esfuerzo en darle algo que valga la pena. Piensa en tu reputación: si no cumples con tu promesa de valor, causarás una decepción que se propagará como pintura en el agua, dejando tu imagen muy manchada.

No le ahorres la cacería

42

El cazador quiere cazar a su presa, está escrito a fuego en su código genético, y la adrenalina de la conquista le gusta. Es un sentimiento instintivo, una cuestión de supervivencia.

El tema de la cacería, del ritual que activa los sentidos y nos adentra en una especie de juego de estrategia, no es para nada deshonesto. Es parte de un proceso, una de las etapas que logra que desarrollemos ese vínculo con el sabor del éxito. Si a un pajarito le rompes el cascarón por ahorrarle el trabajo, nunca tendrá la fuerza para volar.

Es difícil, sí. Mucho. Pero el principio fundamental de la cacería no debe darse por hecho nunca.

En el marketing como en el amor, jugar a ser la presa es la mejor estrategia para cazar.

¡Quieres correr a sus brazos! Todavía no se ha dado cuenta, pero no puedes con las ganas de estar con él. Ya lograste llamar su atención. Un par de movimientos correctos, el vestido indicado después de vaciar tu clóset horas antes de salir, tu cabello bien peinado, tu boca seductoramente maquillada... todo llama su atención y lo sabes. Has logrado sembrar el deseo en él y definitivamente captaste su atención.

En ocasiones te ignora porque piensa que así será más interesante. Conoces el juego. Tienes su mirada y estás a punto de completar el círculo. Ya tus amigos hicieron su trabajo hablándole bien de ti. Tú ya mostraste, hasta donde el tiempo te ha permitido, tus atributos físicos e intelectuales. Es un hecho. Está interesado en ti. Has vencido a la insistente competencia que toda la noche buscó robárselo. Es sin duda un espécimen importante. Debes tomarlo con calma, pues él sabe que es un pez gordo.

No es la primera vez que te enfrentas a esto. Tu experiencia te dice lo que debes hacer para cerrar un trato, has pasado otras veces por la misma situación y has investigado mucho. Sabes muy bien cómo conducirte. Sabes muy bien lo que tienes que hacer...

¡Pero tu mente empieza a nublarse! Mucho. Gravemente. ¿Es el olor de su perfume? ¿Es tal vez lo que alcanzas a ver entre los botones superiores abiertos de su camisa? Conforme pasa la noche, vas descubriendo más y más cosas que llaman tu atención. Te gusta. Tiene tu atención. Sus amigos se encargaron de hablarte bien de él. Sus atributos definitivamente te han quedado claros y ha hecho un par de movimientos que lo ponen en el *top* de tu mente. ¿Qué? ¿Qué pasa? ¡El cazador se ha vuelto la presa! ¡Estás en problemas! ¡Es al revés! ¡Regresa! ¡En serio! ¡Es al revés! ¡Caíste!...

Sabes muy bien qué hacer, pero no puedes coordinar tus palabras. Sabes muy bien dónde resistir, pero tu cuerpo no te obedece. Conoces los movimientos próximos para el jaque mate, pero no recuerdas ni qué color eres en el tablero. Te encuentras en un completo caso de enamoramiento repentino e inesperado. Y aunque se siente lo máximo, o apagas un ratito tus hormonas y concentras tu atención en el momento o el futuro de esta relación tomará un camino que NO te conviene.

No estoy exagerando. El momento de la conquista debe tomarse con precaución. Es un arte. Es un juego. Es un ritual. De ahí dependen los roles que asuman las partes, los papeles que tengan en el futuro, la figura que adoptes en su mente después. Cuestión de posicionamiento correcto. Las primeras etapas se quedan por siempre en la mente de tu cliente y determinan en gran medida cómo te verá para la posteridad. Este es el *first moment of true*, el primer momento de la verdad…

Cuando quieres algo y ese algo parece imposible de conseguir, lo quieres más. Cuando quieres algo y ese algo cuesta trabajo conseguirse, lo valoras más…

¡Ni modo! Es así. O respetas jerarquías y le das paso al proceso o serás un *commodity*.[2] En este momento, puedes pasar de ser un producto cualquiera que soluciona la necesidad inmediata a ser un producto deseado, de una categoría superior, que valorarán y cuidarán más.

El sentimiento de un cazador cuando se sabe merecedor de su presa, vencedor y exitoso es vital. ¡Vital, dije! De vida o muerte. Déjalo cazar. Por más impulso que sientas de arrancarle

---

[2] El término *commodity* se refiere a los insumos que se usan como base para la elaboración de productos más refinados. Por lo general, es vendido por muchas empresas o fabricantes sin ningún nivel de exclusividad (*N. del e.*).

la camisa, deja que sea él quien sienta que consiguió tu corazón. No se la pongas fácil, date a desear.

La línea entre facilitarle a tus clientes el acceso a tus productos y dejar que los deseen es muy delgada. El arte de la negociación y la venta son también así. Un proceso. Un ritual donde el cazador debe sentir que lo logró, que lo consiguió, que por fin eres de él. Así cuidará y valorará tu marca.

> *First moment of truth*, la antesala de lo que será para siempre verdad.

Es cierto que no debemos emitir juicios anticipados, pero todos lo hacemos. Todos, todos. En teoría, lo que nos separa de otros seres vivos es que poseemos inteligencia y razón, en teoría... Y eso nos da la facultad de observar, razonar y emitir un juicio; es un mecanismo automático de nuestros procesos mentales.

Es por eso que la conquista es un punto crítico. Lo que hagas o dejes de hacer en ese breve periodo del inicio de una relación determinará en gran porcentaje la imagen y el concepto que la otra parte se forme de ti. Si bien también es cierto que después de un tiempo esta «definición» dada puede cambiar, el peso de la primera imagen sigue ejerciendo su poder a lo largo de toda la relación.

Para los hombres, es importante dejar claros sus valores y prioridades desde el principio. Si en las primeras citas la mujer se da cuenta de que, además de ella, existen otras flores en el jardín, se sentará un precedente. Si nota que él no la trata y la considera con igualdad y equidad, se sentará un precedente. Si no se sintió respetada y protegida desde las primeras citas, ¿qué hace todavía saliendo con ese tipo? Ya debería haber huido muy lejos de la escena, suponiendo que decidió quedarse, que le dio una oportunidad al sujeto, a pesar de que ese grillito de la conciencia emitió su juicio y prendió la alerta desde el inicio. Aunque la relación continúe y llegue a un punto serio y formal, con seguridad los antecedentes de las primeras citas la harán pensar mal cada vez que su *novio* reciba un mensaje de una «amiga» en su celular, ya que, de manera inconsciente, el prejuicio de que algo malo está pasando no se borrará de su mente.

La cacería, en el caso de las mujeres, está llena de miramientos. Las mujeres ponemos mucha atención en los detalles de comportamiento, y esos detalles se quedarán en nuestra mente por largo tiempo. En el caso de los hombres, la cacería, por instinto, es muy importante.

Quien encuentra un tesoro, lo cuida y lo valora. Para ser un tesoro, por definición propia, debes ser poco común y de difícil acceso. Con esto me refiero a que el respeto se gana desde los primeros minutos. (¡Atención! La sexualidad es punto y aparte, respetable y no opinable. Si puedes esperar un poco para dar ese paso y reservarlo para una etapa posterior a la conquista temprana, sumarás un par de puntos más a posteridad).

Tratándose de la mercadotecnia y la publicidad, el primer momento de la verdad es el que debe ser más claro y definido.

First moment of truth (FMOT) es un término acuñado por Procter & Gamble. Ocurre cuando un cliente potencial encuentra su producto o servicio por primera vez. Por lo común, solo dura unos segundos y puede suceder con algo tan sencillo como que el consumidor lea una descripción o escuche un discurso de un representante para comprender la manera en la que el producto puede satisfacer sus necesidades. Esta impresión inmediata depende de una buena presentación y de la capacidad de mostrar claramente cómo el producto satisfará las necesidades de la audiencia. Este breve momento tendrá un impacto importante en la decisión de un cliente potencial de seguir averiguando más sobre lo que ofrece la empresa o no.[3]

Por eso, no te anticipes a suplicar que te compren, mejor busca la manera correcta de abordar a ese futuro cliente. No te muestres desesperado y crea un poco de expectativa. Que se note que conoces tu producto y lo sabes muy valioso. Hablaremos de este tema más adelante, pero recuerda lo importante del primer momento de la verdad.

> No supliques que te compren, haz que te deseen.

Necesita necesitarte

Es cierto. A estas alturas, habiendo ya explorado y vivido tanto (no importa en qué momento leas este libro, te parecerá que ya tienes la suficiente experiencia tanto en el marketing como en el amor para que la próxima vez sí resulte y, ahora sí, ganes más de lo que quieres invertir), qué más quisiéramos que ahorrarnos pasos. Después de los 30, con uno que otro fracaso en los negocios o en el amor, quisiéramos entrar al nuevo juego con un par de niveles avanzados. En el amor, tratar de quedar bien empieza a dar flojera. Ya aprendimos que la honestidad ante todo es lo que debería valer y contar. Cuando conocemos a una nueva persona, lo que quisiéramos es llegar, presentarnos, recitar nuestros defectos, nuestras virtudes, los nombres de nuestros perros, entregar un instructivo con los pormenores que seguir en los tiempos de crisis o de hormonas, tomar a nuestro nuevo

47

[3] Conexión Esan, «Los momentos de la verdad: cómo crear una experiencia inolvidable para el cliente», 5 de junio de 2018, esan.edu.pe/apuntes-empresariales/2018/06/los-momentos-de-la-verdad-como-crear-una-experiencia-inolvidable-para-el-cliente.

amor de la mano y continuar la historia donde dejamos la pasada... ¿Volver a empezar?, ¿por qué? Demasiada inversión de tiempo previamente.

En los negocios ocurre lo mismo. Es tanto el cansancio o la frustración de los fracasos anteriores que quisiéramos llegar, presentarnos y que, por añadidura, viniera el éxito que debió haber llegado con el último negocio y que, por razones a veces ajenas a nosotros, no sucedió. ¿Empezar otra vez?, ¿por qué? Ya invertimos demasiado tiempo antes. A modo de berrinche, en el marketing como en el amor, quisiéramos dejar de tomar las cosas con calma.

Si a esto le sumamos que, aunque haya pasado un tiempo considerable desde nuestro último fracaso —comercial o amoroso—, aún tenemos las memorias, las heridas, las cicatrices y la melancolía de lo que pudo haber sido o, mejor dicho, de lo que *debió* haber sido y no fue, la frustración es aún mayor.

En este proceso de reinventarnos, sanar nuestras heridas, tomar las cosas con calma y volver a empezar, perdemos el rumbo y nos desviamos de los primeros, y muy importantes, pasos. Sea esta una segunda o tercera vuelta, ese *first moment of truth* en la cacería de los negocios o el amor nunca debe omitirse.

> *Ese first moment of truth* en la cacería de los negocios o el amor nunca debe omitirse.

¡Bendito el ego inherente al ser humano! Alimentarlo es, muchas veces —si no es que la mayoría—, una necesidad infinita e insaciable. El sentimiento de triunfo y de poder nos atrae siempre. Dicen que lo bueno cuesta. El que quiere azul celeste...

Pues bien, ¡qué bueno que tengas ya experiencia!, cualidades firmes, valores y principios muy fundamentados y una larga lista de virtudes que ofrecer. Recitarlos frente a tu nuevo prospecto, sea quien sea, no te va a garantizar su confianza,

48

credibilidad y, sobre todo, valoración. Una vez más, debes de-
mostrarlas en el camino y dejar que sea el de enfrente quien las
descubra; que sea él quien te conquiste. Sobre todo si hablamos de hombres.

A los hombres, por muy buenos, maduros y civilizados que
sean, el gen instintivo de la cacería siempre los va a dominar. No
quiero decir con esto que no se puedan enamorar de ti sin tener
que batallar poquito. Sí, estoy segura de que dejándolos hacer
su parte, tendrás mayor oportunidad y una mejor y más sólida
apreciación de tu producto. Ya no fuiste tú la que lo dio. Fue él
quien se lo ganó.

En términos de mercado, es más fácil de entender aún. Dicen que los productos y servicios se consumen por deseo o necesidad. Sin entrar en la discusión de si las necesidades se crean
o se descubren, si no existe deseo o necesidad, no existe la compra. Incluso el impulso es un deseo irracional desenfrenado. Pues
bien, puedes presentar el mejor producto a los ojos de un consumidor, pero si ese consumidor no tiene que hacer nada por
tenerlo, ni siquiera pagar, le será indiferente tenerlo o no… a
menos que sea fundamental e indispensable. Y si nada tuvo que
hacer para obtenerlo, por más fundamental e indispensable
que fuera, no lo valorará… a menos que algún día le falte. No
vamos a entrar aún en el «nadie sabe lo que tiene hasta que lo
ve perdido». ¡No eres el aire! El aire ni se valora, ni se paga, ni se
lucha. Si falta, es un problema mortal, pero mientras no falte, pocos piensan en cuánto aire consumen al día.

En el marketing como en el amor, los sentidos complacidos guar-
dan memorias que, al reactivarse, vuelven a provocar emociones. Por

> Los sentidos complacidos guardan memorias que, al reactivarse, vuelven a provocar emociones.

49

eso, cuando los clientes recuerdan, regresan. Las exparejas, también.

El arte de la expectativa

> Comunicación sugestiva y paciencia son los dos ingredientes básicos de la expectativa.

Ya hablamos mucho del *first moment of truth*, o espero que lo suficiente para que haya quedado claro. En temas de marketing y de amor, la expectativa es un recurso muy valioso; es una de esas herramientas que, una vez que logramos dominarlas, nos harán verdaderamente atractivos. Requiere de dos ingredientes básicos: comunicación sugestiva y paciencia (agreguen a la lista un poco más de paciencia, por favor).

50

En el marketing como en el amor, la expectativa es un recurso muy valioso.

Una estrategia de expectativa es lograr que ese tu futuro cliente sepa mucho de ti… pero no tanto. Es buscar que desee conocer más y mantener por un tiempo el misterio. Volvemos a la cacería. Cuando la presa se le pone difícil al cazador, automáticamente prende sus sentidos de alerta. Eso es lo que queremos, ya que, con los sentidos más despiertos, tenemos mayor posibilidad de entrar en la mente del cliente, incluso de manera tan profunda que no nos olvide jamás.

No es tan común ver una estrategia de expectativa, pero seguro recuerdas haber leído más de una vez en algún promocional algo como: «Espéralo pronto» o «Próximamente», o incluso puedes haber visto algún anuncio que no decía gran cosa, pero que puso a tu imaginación en modo activo. Ahí están: sentidos que se prenden ante la necesidad humana de saber un poco más; la sed del conocimiento.

No hay razón alguna para presentarte ante tu prospecto y recitar toda tu historia, para describir por completo tu personalidad y vaciar en su cerebro toda la información referente a tu existencia. Es más, hasta sería un poco… raro.

Cuando conoces a una persona y tienes una primera cita con ella después de haber logrado llamar su atención, debes abrirte con cautela, poco a poco y sin prisas. Con recelo de eso que es tuyo y que valoras tanto. Con un poco de comunicación sugestiva, es decir, sí comunicar, pero dejando la necesidad en el receptor de querer saber más. Y con paciencia, mucha paciencia, como te lo comentaba. Esto te dará la tranquilidad para que, poco a poco, vayas dosificando esa información.

¡Atención! Estamos en el capítulo de la conquista. En este punto específico del proceso se practica la expectativa. Aquí aún no tienes una relación, estás preparando el terreno. Más tarde, cuando tengas una verdadera relación comprometida y compenetrada, que fluya libre y de manera abundante la información.

Tengo una amiga muy querida que se caracteriza por desbordarse en atenciones, muestras de cariño, expresiones de amor y detalles desde que le piden su número de teléfono. Ella es así, dulce como la miel, y en su autenticidad se desvive por entregarse a los otros. Como amiga es lo máximo, siempre está al pendiente de mí y me ha rescatado de muchas decisiones incorrectas; en algunas otras, me ha acompañado también.

Trabajamos juntas y nos comunicamos cada capítulo de nuestras relaciones. Nos parecemos mucho, sobre todo en ese

51

sueño idílico de encontrar al príncipe azul y vivir un amor de película. Si tuviera una lámpara mágica con tres deseos, le regalaría uno para que pidiera al amor de su vida, y estoy segura de que ella haría lo mismo por mí con sus deseos.

Después de contarte lo dulce que es mi amiga y lo fuerte de nuestro vínculo en pro del amor y el romance, déjame decirte que lo hacemos muy mal. Tratamos incesantemente de conquistar al sujeto en turno sin ponernos límites sanos para, después, morir de ansiedad ante las expectativas incumplidas.

Hace unos días la escuché haciendo una llamada de prospección en búsqueda de nuevos clientes y entendí que su patrón de abordaje es el mismo tanto en el marketing como en el amor. La llamada no duró ni cinco minutos y, en ese tiempo, ya había recitado todo lo que podíamos hacer por el cliente sin preguntarle, ni por un momento, cuáles eran sus necesidades. Incluso ofreció servicios que nada tenían que ver con el giro del prospecto. No quise decirle nada, pero vi su cara de decepción cuando, con diplomacia, le cortaron la inspiración y la llamada terminó. Era la misma expresión que veo cuando el joven en turno con el que esté saliendo deja de contestarle el WhatsApp.

> En la conquista, debemos mostrar lo que tenemos, pero debemos hacerlo en función de lo que el cliente necesita.

Estamos en la conquista. Debemos mostrar lo que tenemos, pero debemos hacerlo en función de lo que nuestro cliente necesita y, para eso, no estamos preparados aún. Para eso, debemos avanzar al siguiente paso… que debió estar antes.

52

CAPÍTULO 3

INVESTIGACIÓN DE MERCADOS

La conquista es importante. Es esencial, fundamental, emocionante, pero no es para nada el primer paso, ni en el marketing ni en el amor. Aunque solemos poner más atención a la conquista por todo lo que mueve en nosotros, esto es un gravísimo error.

Entendido está que, por instinto, somos cazadores. Nos gusta la adrenalina del «estira y afloja». Nuestros sentidos se agudizan cuando estamos en una misión, pero en el juego, el cazador sin presa se queda así, solo jugando. Lanzarte al ataque sin conocer previamente a tu presa, sin estudiar sus movimientos, sin entender sus reacciones, sin saber realmente si es lo que a ti te gusta o lo que te hace bien puede ser contraproducente.

> Lanzarte al ataque sin conocer previamente a tu presa puede ser contraprudecente.

Despacio que llevo prisa

Nadie dijo que el amor fuera fácil. Es quizá el mayor placer y problema de la humanidad. Reconozcámoslo: estar enamorados puede ser muy peligroso. No es que nuble nuestra mente, pero nos hace ver las cosas de diferente forma, una muy bonita, sí, con toda esa ilusión y sabor a triunfo, pero no tomamos en cuenta —ni nadie nos dice— que, más que un triunfo, es el inicio de un camino en el que habrá muchos tropiezos e inconvenientes. Esto no quiere decir que haya que detenerse y evitar el riesgo, pero sí es necesario tomarse las cosas con calma.

Si antes de casarme me hubieran advertido sobre algunos de los problemas por los que pasaría mi matrimonio y me hubieran dado la oportunidad de ahorrármelos, es seguro que no habría escuchado, y posiblemente tampoco los habría evitado. ¿A quién quiero engañar? Yo también dejé nublar un poquito mi juicio por el excitante sabor del «viviremos juntos para siempre», pero los problemas son parte de cualquier relación, ya sea un matrimonio o un negocio. La historia comienza después de las campanadas o del corte del lazo, pero podría prevenirse en el momento en que comenzamos a percibir inconsistencias, muchas no alarmantes, muchas otras tal vez sí.

Frank Capra dijo: «Un presentimiento es la creatividad que intenta decirte algo». Tratándose de creatividad y de antesala de sentimiento, surgen las investigaciones de mercados, esas que muchos se rehúsan a hacer en los negocios, esas que parecen costosas y tardadas, que asustan con tantos números, valores e interpretaciones, pero que podrían salvarnos de un divorcio innecesario, incluso antes de llegar al matrimonio. Para este momento espero, cuando menos, que le des el beneficio de la duda a la investigación de mercados.[1]

Si ya estamos en este punto, pasemos ahora a la metodología. Por metodología no quiero decir una ciencia ni una

---

[1] La investigación de mercados se refiere al «proceso objetivo y sistemático en el que se genera la información para ayudar en la toma de decisiones de mercadeo». William G. Zikmund, *Investigación de mercados*, México, Prentice Hall Interamericana, 1998, p. 4.

complicada lista de acciones abrumadoras, me refiero al tiempo que dedicaremos a conocer a nuestros clientes cuando no tienen ni idea de que serán el centro de nuestro futuro negocio. ¿Cuántas encuestas debemos hacer? ¿Cuánto tiempo debemos dedicar a la observación? ¿Cuántos datos y estadísticas son suficientes? La respuesta a esas preguntas es igual de ambigua como intentar responder cuánto debe durar un noviazgo antes del matrimonio.

Cuando una idea surge, lo hace sin avisar. Nunca parece llegar en el momento correcto, pero revoluciona por completo tus pensamientos. Empiezas a imaginar y a preguntarte: ¿cómo sería?, ¿es posible de ejecutar?, ¿qué necesito?, ¿cuánto cuesta?, y comienzas a ocupar tu tiempo en eso. Ha llegado la inspiración: ¡bienvenida! Es momento de saber si nuestra idea realmente soluciona un problema, si allá afuera habrá el número suficiente de consumidores empáticos como para hacer de ella un gran negocio. Tomarse el tiempo de escuchar no solo contestará estas preguntas, responderá muchas otras que aún no descubres y dará a tu producto la adecuación necesaria para asegurar un poco más de ese «felices para siempre».

Las investigaciones de mercados no solo sirven para conocer a tu cliente y reducir riesgos, también tienen otra utilidad esencial: demostrarle que te preocupas por él, que de verdad pones tu corazón y energía en que la relación funcione. Y eso siempre se agradece.

Urge candidato a quien querer

Muy bien. Ya entendimos la importancia de que te volteen a ver, pero ¿para qué y por qué quieres que lo hagan?, y más importante aún: ¿QUIÉN?

En el amor es claro e intuitivo. Quiero que me voltee a ver la persona que me gusta, quiero su atención, sin embargo, en el marketing existe un gravísimo problema: NO sabemos a quién queremos.

Bueno, sí. Todos quisiéramos que nos comprara un consumidor con poder adquisitivo, que pagara a tiempo, que volviera a comprar, que ame y adore nuestro producto, que jamás se queje, que vaya por ahí pregonando lo buenos que somos y que no pueda vivir sin nosotros. Un poquito similar a lo que quisiéramos que sintiera e hiciera ese amor platónico que casi ni voltea a vernos.

Pero ¿es ese tu *cliente ideal*?, ¿es ese el candidato o candidata que te hará feliz? Cuando pregunto a mis clientes: «¿Cuál es tu segmento de mercado?» o «¿Quién es tu tipo de cliente?», casi por naturaleza me contestan: «TODOS». Después de un microinfarto mercadólogo, vuelvo a preguntar: «¿Quién quisieras que te comprara?», a lo que obtengo la misma respuesta: «TODOS». Hombres y mujeres de 18 a 63 años que tengan en la bolsa lo que cobro por mi producto. Esa neblina en la visión es una futura fuga gravísima de capitales en el marketing, en el amor y en los negocios.

Hace algunos años se acercó a mí una firma de muebles que quería vender más. La empresa tenía claro que su mercado eran señoras entre los 30 y 40 años que se dedicaban a cuidar hijos y a gastarse los vastos capitales de sus maridos, ya que eran adictas a las compras y a remodelar sus casas, y que además tenían camionetas gigantes para transportar los muebles por sí mismas sin requerir flete. La firma estaba dispuesta a gastar lo que fuera para conquistar a ese mercado y ahorrarse para siempre todos los problemas de su mueblera vida.

Después de unos meses de investigación y conocimiento, nosotros, como agencia especialista en investigaciones de mercados y estrategia en marketing, encontramos que sus diseños, ubicación, precios y hasta la atención de su tienda no eran para nada favorables para ese mercado. Mejor aún, descubrimos que la mayoría de sus clientes eran parejas del mismo sexo (hombres) que vivían por la zona, que amaban sus diseños y apreciaban sobremanera la no intrusión, por no decir «falta de atención», de los vendedores de la tienda. Era una especie de autoservicio que les encantaba: entraban, escogían, pagaban y se iban. Así, sencillo y rentable para todos.

Fue difícil convencer al cliente de que debía enfocar sus esfuerzos en este mercado. Por fortuna, el contador de la empresa estaba de acuerdo con nosotros y los números sustentaban, sin ningún lugar a dudas, nuestra versión. Hoy, es una de las marcas más poderosas del sector, vende mucho, es económicamente feliz y se olvidó por completo de enfocarse en las «*ladies* de Polanco».[2] La compañía entendió en qué segmento debía poner sus esfuerzos, y fueron esos clientes felices quienes le dieron la fuerza económica para crecer y crecer. Actualmente tiene presencia en varias ciudades del país y ha podido atraer a otros tipos de clientes, e incluso alguna que otra *lady* de Polanco terminó siendo fan de sus diseños también.

Reconozcamos con humildad que no siempre tenemos la razón, no hacerlo nos llevará a repetir patrones tóxicos y destructivos. Debes pensar: «¿Quién quiero que me vea?», y para ello debes analizar la respuesta. No se trata de encapricharte con que te vea esa joven tormentosa que suele llevar al límite a

___

[2] Término utilizado en la Ciudad de México para nombrar coloquialmente al estereotipo de mujeres de clase alta.

sus novios y que terminará complicando tu existencia en una relación codependiente con chantajes, manipulaciones y dramas innecesarios, solo porque ya te obsesionaste con que sea ella y nadie más la dueña de tus quincenas y estás dispuesto a hacer todo por conseguirlo. No se trata de casarte con ese que te tiene loca de impotencia porque no te pela, ese que a veces te dice que sí y otras tantas que no, que te tiene al borde de la demencia viendo el teléfono todo el día por si ahora sí se acuerda de que «te ama».

A lo mejor si sueltas a tu *toxicomer* (ahora hablamos de ese cliente que NO te conviene, ni en el marketing ni en el amor) y abres tu panorama, encuentres al que sí te haga feliz. Tómate un poquito de tiempo y decide conscientemente a quién enfocarás tus campañas de marketing y de amor.

Ahora que ya sabes a qué mercado vas y ya tienes a las candidatas o a los candidatos ideales para recibir tus atrayentes anzuelos de popularidad visual, diseñemos un primer *approach* adecuado. Antes de diseñar cómo llegarles, déjame explicarte sobre el *casting*.

> **En el marketing como en el amor, tómate un poquito de tiempo y decide conscientemente a quién enfocarás tus campañas.**

El *casting*

Seamos honestos: no te gusta solo una. Seamos honestas: quisieras tener varias opciones. ¿Qué tal si una es bonita, pero no muy inteligente? ¿Qué tal si uno es simpático, pero no buen proveedor? Lo mismo pasa en los mercados. Cuando estamos por decidir cuál es nuestro mercado ideal, podríamos tener dos o más opciones; si no hacemos un *casting*, corremos el riesgo de equivocarnos e irnos con el cliente incorrecto.

En el marketing como en el amor, si no hacemos un *casting*, corremos el riesgo de equivocarnos e irnos con el incorrecto.

Debo aclarar, justo antes de empezar a explicarte el *casting*, que este tampoco es garantía. Puedes hacer tu lista de prospectos, analizarlos, agendar cita con ellos, invertirles tiempo y atención... y cuando menos lo esperas, llega un espécimen que nada tiene que ver con los atributos o características generales que habías filtrado en esa lista. Los pasa por la derecha, se cuela a los primeros lugares, los desbanca a todos y termina siendo el centro de tu atención y felicidad (le pasó a la amiga de una amiga).

Todos tenemos ciertos parámetros a la hora de escoger pareja. Parámetros que definimos mucho antes, cuando apenas empezamos a sondear el perímetro. Ya hablamos de los atributos visuales y de cómo determinan los primeros momentos de atención, pero en la jerarquía de características para cubrir nuestras necesidades están muchas cosas más. Algunos buscan mujeres con mucha presencia, otros prefieren la belleza clásica que dan los modales femeninos. Algunas buscamos hombres que nos hagan sentir protegidas, otras prefieren características físicas masculinas bien definidas. Puedes estar buscando profundidades espirituales, intelectuales o banales, eso solo lo sabes tú, pero de que tienes una lista de los requisitos mínimos necesarios, la tienes.

Dentro de las posibilidades, existirá quien cubra todas tus exigencias o casi todas. Estará también quien no encaje en el formato completo, pero que tenga algo interesante. Para una u otra necesidad, con una u otra intención, el abanico de posibilidades siempre tiene más de una opción. La esencia del amor es la particularidad en la elección, por eso no a todos les gusta la misma mujer ni todas nos enamoramos del mismo hombre.

Mis amigas se ríen de mí cuando digo que mi amor en turno es el hombre más guapo del mundo, sobre todo porque he de confesar que no soy muy buena escogiendo hombres físicamente atractivos. Mis parámetros no son tan comunes. Es posible que ellas y yo tengamos gustos similares, pues pertenecemos a una misma «tribu», pero son gustos nada más; el paquete completo que quisiéramos lo definimos cada una de acuerdo con nuestras necesidades, percepciones, intenciones e historia de vida.

Todos hacemos *casting*. Tal vez no de manera consciente, pero lo hacemos. Evaluamos a grandes rasgos los atributos de cada opción y sentimos más emoción por la que nos parece más acorde a lo que queremos para nosotros. Hacer el *casting* con consciencia nos permite conocer más, evaluar mejor y reducir en mayor porcentaje el riesgo que si nos fuéramos de prisa sin medir las consecuencias. ¿Qué tal que esa opción que consideras un diez resulta tener características que aún no conoces y, para colmo de males, descubres que te molestan significativamente? ¿Qué tal que esa persona que considerabas un seis tiene detalles contigo que no habías tomado en cuenta y te hacen sentir tan bien que la convierten en un diez? No se trata de probar a todo mundo. No puedes ir por la vida probando a todos, pero hay que probar.

Alto aquí. Para nada estoy diciendo que tengas el derecho de tratar a las personas como mercancía. Hay que especificar que el *casting* es un tiempo de conocimiento y libertad donde entablas amistades, conversaciones y momentos para conocerse con el límite estricto de no iniciar una relación sentimental ni dar pie a malos entendidos. Dicho de otra forma: en el *casting* sales a tomar un café, a comer, a comprar un helado... solo sales como saldrías con cualquier amigo o amiga, con plena consciencia de que en el momento en que des un paso más, por lo general marcado por el contacto físico, se da por terminado éticamente el *casting*. Así que no te apresures.

En los mercados ocurre igual. Estoy segura de que tienes una amplia gama de posibilidades de clientes potenciales. Tu producto o servicio puede ser bueno para diferentes perfiles, incluso tal vez tengas una mezcla de productos y servicios funcionales para más de un perfil en particular. Entonces, ¿cómo decidir qué segmento considerar prioritario?

Si te tomas un tiempo considerable para ponderar cada tipo de cliente y enlistarlo jerárquicamente, podrás darte una idea de qué segmento te será más redituable, y en el camino puedes decidir qué porcentaje de tu energía laboral le dedicas a cada segmento. Incluso, puede pasar que los conocimientos previos y los pronósticos no sean los que suponías: ¿qué tal que ese cliente al que no considerabas es el que más rendimientos te está dando?, ¿qué tal que con ese contrato que buscabas cerrar no ganas tanto como pensabas?

> Personalizar tu mensaje para cada microsegmento al que vas dirigido es clave para una campaña efectiva.

Un tema muy importante a la hora de hacer anuncios para plataformas de marketing digital es la segmentación y selección del público al que van dirigidos, es decir, el *casting*, sobre todo por aquello de los presupuestos mal invertidos. Cuando haces una campaña para un solo segmento y le dedicas todo tu presupuesto, es probable que no alcances siquiera a cubrir e impactar al segmento completo, ¡es más!, tal vez no cubras ni

61

a un porcentaje aceptable. Sin embargo, si divides tu campaña en segmentos diferentes con mucho más detalle, será más fácil impactar estos microsegmentos o nichos, y si de paso personalizas tu mensaje en función de lo que ellos quieren escuchar y no de lo que tú quieres decir, ten por seguro que tu campaña será mucho, pero mucho más efectiva.

Por ejemplo, si estás intentando vender casas, en vez de anunciar para todos los usuarios de Facebook disponibles en tu ciudad que se interesen en la compra de propiedades, piénsale un poquito más. Quizá debas centrarte en el tipo de familias ideales para vivir ahí y, más certero aún, podrías crear distintos mensajes con los diferentes atributos posibles. Tal vez tú creas que una casa se venderá rápido por el gimnasio que tiene cerca y resulta que la familia ideal interesada en ella la compra porque le gustó el parque. ¡Quién sabe!, es cuestión de conocer, de tomarse el tiempo, de evaluar, de analizar y, entonces, decidir... Es cuestión de hacer *casting*.

> **En el marketing como en el amor, si te apresuras a conquistar sin darte tiempo de conocer, definitivamente terminarás en la relación equivocada.**

Con la que todos quieren

Los *millennials* pueden ser un mercado muy atractivo. Invaden las calles y los centros comerciales, siempre están actualizados, saben generar ingresos y suelen viralizar marcas y contenidos rápidamente. Son perfectos embajadores de marca y expertos en crear comunidades con los mismos intereses. Si logras conquistar a un porcentaje considerable de *millennials*, en poco tiempo tu producto estará en boca de todos.

Branward, compañía internacional experta en marcas, decía en 2014: «En 2017 la generación #millennial podría ser la fuerza de consumo más poderosa (50% nivel mundial)».[3] La predicción no solo se cumplió, sino que se rebasó y se sigue rebasando.[4] Venderles a los *millenials* puede ser muy atractivo, pero si por un impulso, por apresurarte o por no tomar medidas previas le quieres vender a esta generación un producto que no se pensó ni se diseñó específicamente para cubrir sus gustos y necesidades, estarás en un grave problema porque, inconformes, son capaces de hacer pedazos cualquier monopolio.

En el marketing como en el amor, perfilar y entender a dónde vamos y a quién nos dirigimos es fundamental y apremiante.

63

Durante la secundaria, cuando las hormonas comienzan a tomar poder de nuestros actos, los perfiles del amor se construyen. Recuerdo que, en esa etapa, la pregunta constante era: «¿Quién te gusta?». Y sí, la más bonita o el más popular encabezaban la lista de casi todos. Era la secundaria, en ese entonces no era muy importante si él o ella cumplían con nuestros planes a futuro. Todos querían con la misma. Todos querían con el mismo. Conforme

[3] Branward (@branward), «En 2017 la generación #millennial…», 27 de octubre de 2014, Twitter, twitter.com/Branward/status/526778868418772994.
[4] Deloitte, «Encuesta Millennials 2017. Resumen ejecutivo», *Deloitte México*, www2.deloitte.com/mx/es/pages/about-deloitte/articles/encuesta-millennial-2017.html.

pasa el tiempo, vamos cambiando este supuesto, entran más cosas en juego. Si siguiéramos moviéndonos solo por la atracción física, acumularíamos muchos fracasos, incluso, sería una pandemia de mal de amores, ya que son pocos los correspondidos por la más bonita o por el más popular. Perfilar y entender a dónde vamos y a quién nos dirigimos es fundamental y apremiante en el marketing y en el amor.

Esto depende de dos factores: lo que tú quieres y lo que el otro tiene para ofrecer. Para saber lo que tú quieres, deberás pasar al capítulo siguiente; para saber lo que el otro tiene para ofrecer, presta atención a la investigación de mercados, pero muchos datos, mucha investigación y mucho autoconocimiento no deben invalidar nunca el don que todos tenemos y que muchas veces podría salvarnos: el instinto.

64

Instinto

No, no estás alucinando. Uno de los dones más valiosos del ser humano es el instinto, ese misterioso mecanismo que te hace temblar cuando intenta decirte algo es el resultado del proceso que tu subconsciente ha creado con datos que percibe sin que te des cuenta.

En el marketing y en el amor, insistir es muy bueno. Dicen que debemos ser perseverantes, pero insistir retando al instinto NO terminará bien.

Te gusta, de eso no hay duda. Supo cómo llamar tu atención y justo en este momento crees tener la preparación, por no decir «necesidad», de empezar una relación y darle una nueva oportunidad al amor. A estas alturas del partido ya no te crees todo tan rápido. La experiencia te obliga a actuar con cautela, o cuando menos, sabes que tendrás que ir con cuidado.

Es cortés, galante, amable. Te va envolviendo y está a punto de convencerte, pero algo no te late, hay algo que no te vibra. Todavía no sabes qué es, pero ese presentimiento está ahí, limitándote, preocupándote.

Decides pasarlo de largo, tampoco es bueno hacerse ideas. Vamos, tu *date* no tiene que cargar con los fantasmas de tu pasado. Te empiezas a terapear con las teorías del *mindfulness*, la ley de la atracción, el secreto, las vibras y todo lo que te permita darte una oportunidad. Continúas con la misión y cada vez estás más bajo los efectos del enamoramiento. ¿Será que Dios regresó de sus vacaciones y está por fin atendiendo tus plegarias? ¿Será que la película de tu vida amorosa está entrando al clímax y has encontrado coprotagonista? La emoción ciega al instinto.

A pesar de tus intentos por ponerle *mute*, algo te sigue diciendo que este cuadrito no está tan cuadrado. De vez en cuando se pierde… pero es normal, tiene una vida. Calma, no presiones. Los fines de semana no contesta su celular… calma, es normal, seguro está descansando. Te cancela el plan repentinamente… pero los imprevistos suceden. Calma, las películas de amor deben tener esa sal y pimienta que les dé sabor.

Calma, nada. Calma, ¿qué? Las lecciones que no se aprenden se repiten. Ahí es cuando el instinto nos indica la salida con un letrero enorme y luminoso, en el idioma que quieras y hasta con efectos de sonido. Salida. Ándale. Corre.

65

Por ahí no es. Ese camino ya lo tomamos y ya sabemos dónde termina. S A L I D A.

Espero que hayas escuchado a tu instinto y en este momento estés disfrutando de una margarita en alguna exótica playa, con un sentimiento triunfal de autoprotección y autoestima. Si no es así, puedo imaginar cómo termina la historia: con un corazón roto y otra herida por curar. Meses después de la conquista, por querer ahorrarte la investigación de mercados y el «testeo», te encontraste con el verdadero producto, uno que estaba lleno de mentiras y chantajes emocionales. Las llamadas siguen sin ser contestadas cuando no quiere o «no puede», su celular se sigue descomponiendo misteriosamente, el mismo celular que luego funciona cual milagro divino. Ya perdió el interés y solo te queda la esperanza de que vuelva a ser como al principio.

¿Qué te dice el instinto ahora? ¿Escuchas sus quejas? ¿Te resuena el #telodije? Ahora, el sentimiento no solo es de preocupación. Ahora, el remordimiento también está presente e incluso te sientes avergonzado contigo mismo.

El instinto… Si tan solo lo valoráramos más. Si reconociéramos su importancia, seguramente habría cátedras completas para maximizar su potencial. El instinto sería tan importante, o más, que las mismísimas matemáticas.

Estás a punto de emprender un negocio y tienes un trato que cerrar. Ya tienes experiencia cerrando tratos. ¡Vamos!, lo haces todos los días. Sabes qué es lo que necesitas en esta etapa. Sabes lo que tu negocio necesita. ¿Cómo no vas a saberlo? Es tu emprendimiento, ¿quién lo va a conocer mejor que tú? La emoción aquí también empieza a llenar el escenario. ¿Será que, por fin, las cosas comienzan a tomar forma, y esta vez sí sucedan?

Todo pinta bien. Pero hay algo que no te late. Ese proveedor es muy amable, insistente, empático. Sin embargo, hay algo que no termina de vibrarte. ¿Qué más da? Tranquilo. Seguro son tus ideas. No contesta tus llamadas, pero tranquilo, seguro tiene miles de clientes más reclamando su atención. Sientes que muere por venderte, pero cuando tienes preguntas concretas, desaparece. Tranquilo, seguramente tiene una vida y justo en este momento está lleno de cosas por atender.

¿Seguimos?... Llegó tarde a la cita, seguro se descompuso su coche, posiblemente el correo nunca le llegó. ¿Cómo más lo justificarás? Ya para este punto el instinto te ha indicado la salida, igual que con las potenciales relaciones de pareja tóxicas, con letras grandes y brillantes: SALIDA. EXIT. SORTIE. AUSGANG. USCITA.

Espero que hayas tomado una buena decisión y estés ahora disfrutando una margarita en una playa exótica, orgulloso de que tu dinero esté intacto y seguro en tu cuenta bancaria, con ese placer del sentimiento de autoprotección y sabiendo que tu precioso emprendimiento está seguro contigo, conocedor gurú de las buenas decisiones comerciales. Si no es así, puedo imaginar cómo termina la historia: han pasado ya seis meses y sigues sin recibir tu producto, sigues sin poder comunicarte con el proveedor y su coche se ha descompuesto dos veces cada semana en los últimos meses. Ya no tienes liquidez, no puedes avanzar ni seguir pagando tus gastos, estás a punto del colapso y solo esperas que vuelva a ser empático como al principio.

En el marketing y en el amor, no cierres ningún trato sin dejar tranquilo a tu instinto.

¿Ahora entiendes la importancia del instinto? No quiero decir que dejes que el miedo te paralice. Lo que quiero recomendarte es que investigues más, que escuches más, que pongas mucha atención y que cuando algo no te vibre, prendas la cautela. Usa tu sentido crítico e imparcial con fundamento y con datos concretos para tranquilizar a tu instinto, demuéstrale que no tiene nada que temer.

En teoría, en el amor debería ser muy fácil, aunque yo sé lo que en realidad cuesta. La solución es el tiempo: date tiempo de conocerlo más antes de enamorarte perdidamente, date tiempo de decirle con precisión lo que te preocupa. No tengas miedo de parecer una psicópata celosa. De manera civilizada, pon tus cartas sobre la mesa y expresa lo que sientes y lo que piensas. NO te enamores sin antes dejar tranquilo a tu instinto.

En los negocios es más fácil aún. Contén la emoción, cabecita fría. Pide recomendaciones. Si no te contesta, investiga y pregunta a otros clientes… dos, tres, seis, los que sean necesarios. No tengas miedo de parecer un psicópata chismoso. De manera civilizada, pon tus cartas sobre la mesa y expresa lo que piensas y sientes. No cierres ningún trato sin estar seguro y dejar tranquilo a tu instinto. Lo mismo pasa con tus posibles clientes, sobre todo cuando tu servicio es B2B; he escuchado y vivido muchos casos de clientes que se pierden para no volver jamás, dejando grandes deudas y un profundo sentimiento de decepción.

El *target* y sus prejuicios

En el marketing como en el amor, hay que romper prejuicios al targetear. Tal vez quien menos esperas sea tu cliente ideal.

Hace unos años, conocí a una mujer independiente con un carácter firme, inteligente y muy trabajadora, pero triste. Todo en su vida parecía estar en perfecto orden y cumplía con los estándares que la sociedad exigía al estar recientemente casada. Es más, iba a cumplir su primer aniversario con un buen hombre con el que se llevaba bien y hacía bonita pareja. Todo parecía ir sobre ruedas, pero no era feliz.

Dejé de verla por un tiempo —un par de años para ser exacta— y me sorprendió para bien; la encontré radiante, contenta, realizada, con una luz y con una paz que había visto muy pocas veces en mi vida. No pude evitar preguntarle qué hizo, cuál fue la medicina que remedió sus males y cuáles eran esos poco evidentes e incomprensibles males, sobre todo, si a mi parecer y al de un amplio porcentaje de la sociedad, su vida de hacía unos años era perfecta.

Esperaba que me diera el nombre de un nuevo antidepresivo, que me hablara de alguna corriente religiosa o de un nuevo estilo de alimentación a base de hierbas y hongos. Lo que nunca esperé, y me dio una gran lección de marketing e investigación de mercados, fue que me presentara a su novia.

Cuando nuestro producto es bueno, nuestra marca es bonita y expresiva, el proceso de ventas es perfecto y la calidad en el servicio es inmejorable, ¿por qué no vendemos?, ¿por qué el negocio no tiene ventas y sigue sin despegar? Sin lugar a dudas, el error es el tipo de cliente al que insistentemente estamos queriendo obligar a comprar.

No es fácil llegar a este punto, en el marketing y en el amor quisiéramos que solo dependiera de nosotros; así, si cometimos un error, podemos arreglarlo, si tenemos que cambiar algo que no le gusta al otro, lo cambiamos y ya. Muchas veces nos aferramos a que las cosas funcionen y queremos hacer todo lo posible por que así sea. Pero a veces, no es un tema interno, sino más bien un paradigma social vacío que insistimos en llenar.

Yo quería que una empresa de gimnasios que me encantaba funcionara. Había invertido una parte de mis ahorros y tenía plena confianza en que era un muy buen proyecto. No eran lugares comunes, sino que formaban parte de una empresa de gimnasios *boutique* cuya marca avalaban y representaban los dos deportistas más importantes del país, los más reconocidos, los más admirados. Las instalaciones eran inmejorables, el concepto de luces, sonidos y entrenamientos proporcionaba una experiencia muy satisfactoria —y puedo decir que única—, sin embargo, mi proyecto nunca tuvo éxito. Al menos, no hasta el momento.

El *target* al que llegaba no era el que necesitaba. El centro comercial donde se ubican los gimnasios había prometido una afluencia mucho mayor de la que en realidad proporcionó; además, el segmento que dijo que tendría no fue ni cercano al que recibía, no era un segmento élite para el negocio que la plaza pretendía tener. Con tanta inversión y marcas personales tan fuertes detrás, no podía ser un servicio barato. La «aspiracionalidad» del servicio dictaba un precio que representara justamente todo lo que otorgaba a cambio.

Por muy buena que fuera la idea, sin importar lo bien ejecutada que estuviera, la experiencia sin usuarios no era rentable. Con esfuerzo, logramos construir un grupo de usuarios muy leales conformado por personas a quienes no les importaba la plaza: ellos iban porque les gustaba el concepto, y esto nos ayudó a sobrevivir a la pandemia y otros horrores. Pero era eso, solo *sobrevivíamos*, no vivíamos. Para colmo de males, un desleal instructor les ofreció a nuestros usuarios clases particulares en sus casas, y así, sin más, varios se fueron con él. Ya no fue importante el ambiente, la luz, el sonido ni la experiencia; nos cambiaron por algo más cómodo, y por mucho amor que nos tuvieran, no fuimos capaces de mantenerlos inspirados ni comprometidos.

Entonces llegó el momento en el que ya no podíamos más. Igual que en el amor, cuando todos tus recursos están puestos en un posible cliente que no te responde como necesitas, el amor se acaba. Con dolor, con pérdidas, con heridas, pero acaba.

Teníamos una necesidad urgente de cambiar de *target*, ya que el que tanto habíamos buscado, por más que lo intentamos, había terminado por no responder de la manera que necesitábamos.

Las redes sociales nos sacan de muchos apuros. En este caso, me lancé a LinkedIn, donde ya tenía una comunidad considerable interesada en mercadotecnia. Así que pregunté: «¿Qué harían en mi situación mis contactos de LinkedIn?». Las soluciones que me dieron las contaré después.

71

Sus fotos en el 2016

En estos tiempos, casi todos tenemos a nuestra disposición la información necesaria para conocer muy bien a alguien. Estamos muy expuestos gracias a internet y casi que nuestra vida completa se encuentra registrada en Facebook, en alguna otra red social o en todas.

Compartimos nuestros pensamientos, ideas, emociones, angustias y enojos. Creemos y queremos que las redes sociales sean un medio de expresión para gritarle al mundo lo que ansiamos comunicar. Claro que algunos son más comunicativos que otros, pero casi todos tenemos un avatar social que muestra conscientemente lo que le interesa mostrar y, de manera inconsciente, lo que se puede intuir desde su comportamiento digital.

¿Estás listo para otro ejemplo de marketing y de amor? Imagina que estás en una cena en casa de un amigo: hace tiempo que no tienes pareja y, aunque no estás en la desesperación total, tu corazón te grita que está preparado para una nueva historia. Hay mucha gente de tu círculo cercano y te sientes en armonía con su convivencia porque tienen tanto en común; es un momento de plenitud. De pronto, llega uno de los invitados explicando que se le hizo tarde porque un familiar, a quien lleva a la cena, está de visita, y entonces presenta a quien, de inmediato, te roba el aliento. Su apariencia llama mucho tu atención, su plática es interesante y, definitivamente, la simpatía es su mayor cualidad. Empiezas a creer en esas escenas románticas donde el destino reúne al amor en el lugar menos esperado. Serendipia.[5]

Necesitas ir al baño a corroborar que el espejo muestre todo en orden; es una buena oportunidad y no la vas a desperdiciar. Unos minutos después de ver tu sonrisa en el reflejo, sales con total determinación a comenzar una conversación directa y… ¡oh, sorpresa!, ya no está, se fue, desapareció como truco de magia barato. Después del breve mareo emocional y de sentir cómo se enfría tu sangre rápidamente de los pies a la cabeza, tienes una excelente idea, una que casi cualquiera tendría en tu lugar. Sabes su nombre, tienes tu celular en la mano, así que, ¿qué haces? Facebook, Twitter, Instagram, LinkedIn, TikTok… en algún lugar digital debe estar. Tu búsqueda del tesoro no tarda en dar resultados. Ya sabes que le gustan los perros, que practica yoga, que tiene un sobrino al que adora y que, sin lugar a dudas, fotografía muy bien; seguro se verá increíble junto a ti en las fotos de sus próximas vacaciones románticas. Casualmente comparte el

---

[5] Circunstancia donde se encuentra por casualidad algo que no se buscaba.

mismo tipo de música que te gusta y, mientras sigues recorriendo el muro meses y meses atrás, te vas enamorando más.

Si el universo decidiera alinearse en ese momento e hiciera que, como un milagro, entrara de nuevo al lugar a recoger algo que olvidó, ¿de qué hablarías? De yoga, perros, niños y música, seguramente. Tienes las herramientas y los recursos para entablar una muy amena conversación que los conecte, sabes mucho más ahora, e incluso sientes un *boost* misterioso de seguridad y confianza.

Saber de alguien por redes sociales es más que una tendencia, es casi una obligación. He escuchado que incluso los reclutadores analizan a sus candidatos de acuerdo con lo que publican en sus perfiles sociales. Sería muy absurdo no aprovechar todos los datos que tenemos a nuestro alcance.

> **En el marketing como en el amor, si algo te interesa, se nota; si no te interesa, se nota aún más.**

Es cierto que la privacidad es un asunto importante, pero lo que alguien publica pues es eso: público. Lo hace porque quiere expresarlo y que los demás lo sepan.

Si en este momento te cuento del maravilloso sistema de arrendamiento que promuevo para adquirir un coche nuevo, con facilidades de pago, intereses moderados y un catálogo muy variado de automóviles, es probable que cierres el libro, a menos claro, que estés interesado precisamente en eso. Pero si hago mi tarea e investigo que tienes un coche en el que no caben tus hijos, que consume diez litros de gasolina por kilómetro, que todavía lo estás pagando y que, además, es de un color que no te encanta, podría ofrecerte, de mi muy variado catálogo, esa camioneta que recién llegó a muy buen precio, tomar tu auto a cuenta, reducir tus mensualidades y hacerte feliz. La conversación cambia por completo. No voy a llegar a ofrecerte una flotilla de coches utilitarios si nada tienes que ver con el negocio de logística y transporte. Dejemos de perder el tiempo ambos, yo en ofrecerte algo que no vas a comprar y tú en escucharme solo por educación. Mejor, vamos a investigar un poquito.

Bien, volviendo al tema de tu nueva conquista, resulta que transcurre una conversación relajada y ya tienen una cita para ir juntos a una sesión de yoga y meditación. Van a verse nuevamente y empieza a brillar en ti la chispa de la emoción. Tuviste que revisar sus fotos hasta el 2016, pero bien valió la pena; tus probabilidades de éxito ahora son mayores.

Si por cultura general aprendiste a indagar en las redes sociales de tus conquistas, ¿por qué no lo haces con tus clientes? Una duda frecuente entre los interesados en usar el marketing en redes sociales es a qué hora publicar. Por lo común, le preguntan a Google y reciben una gráfica de tendencias con las horas en las que más usuarios se encuentran conectados por plataforma; sea de una fuente confiable o no, esa información no sirve de mucho. Todo depende de TU CLIENTE potencial.

Si te interesa venderles a las madres de niños de entre 2 y 6 años, por mucho que las gráficas digan que la hora fuerte es a las ocho de la noche los miércoles, a ti para nada te conviene, están durmiendo a sus hijos. Los jóvenes universitarios para los que creaste un producto no están conectados los sábados a las siete de la mañana, seguramente están dormidos, recuperándose de la fiesta. Investiga entonces en qué horarios está activa la mayoría de tus posibles clientes, entra a sus redes sociales, mira qué tipos de contenido comparten, observa en qué tiempos están conectados, ¡ve a sus fotos del 2016!

No es necesario —y mucho menos posible— que revises las redes de todos tus clientes; los estudios de mercados usan las muestras para eso, es decir, investigan a un pequeño porcentaje de tus clientes o futuros clientes para obtener datos estadísticos que indiquen la tendencia de tu mercado. Después de hacer tu estudio de mercado, encuentras que la mayoría usa Facebook y comparte, sobre todo, contenido de video. ¿Qué red social te conviene usar como prioridad? ¿Qué tipo de contenido publicarías? Ahí tienes: una estrategia de contenido basada en tus clientes que seguramente te llevará a tener muchas más probabilidades de éxito.

> Una estrategia de contenido basada en tus clientes te llevará a tener más probabilidades de éxito.

El estudiante de intercambio

La parte más complicada del amor es la comunicación. Por muy enamorados que estemos, por muy evolucionada que sea nuestra conciencia y por muy madura que sea nuestra inteligencia emocional, no tenemos telepatía.

En las relaciones, el grado de compatibilidad es un indicador muy efectivo para determinar la viabilidad de una relación. Es cierto que no todos somos iguales y tener como pareja a tu clon debe ser raro, e incluso diría, aburrido. Pero, aunque la diversidad en ocasiones es emocionante y aprender cosas nuevas del otro motiva, la compatibilidad básica siempre debería existir.

No estoy diciendo que una alemana radical no pueda enamorarse de un católico ortodoxo de Zihuatanejo, sí pueden, seguramente algo comparten. El éxito de esa relación estará en potencializar lo que comparten y trabajar en las brechas cultura-les e idiomáticas, es decir, en la comunicación.

Los seres humanos por naturaleza nos movemos en tribus; tribus que evolucionan y que cambian para formar otras nuevas. Estamos genéticamente diseñados para crear comunidad, para agruparnos con otros humanos que tienen algo en común con nosotros. COMÚN UNIDAD.

Históricamente, formar familias ha sido una de nuestras prioridades; formar pareja, más. En realidad, es algo lógico por la simple necesidad de reproducción y supervivencia. «En pareja vinimos y en pareja hay que regresar», dice Arjona. Por lo gene-ral, es en esa comunidad, en ese círculo social, donde buscamos a esa pareja; en el amigo de una amiga o en el clásico «presén-tame a alguien». Eso garantiza que, al menos, tengamos algo en común con ella y que nuestra comunicación, de inicio, pueda fluir.

No digo que no existan los amores furtivos, los golpes de suerte o los «tinderazos» efectivos. Aunque me duela, la mayo-ría de las veces el amor atrae en el escaparate, pero hasta para ese escaparate necesitas estar cerca o contar con algún punto de convergencia mínimo, sin importar que sea virtual.

En la universidad tenía una amiga que estaba muy enamo-rada de su novio, era una romántica empedernida, hasta que lle-gó EL CHICO de intercambio procedente de una universidad rusa. Era evidente que este chico llamaba mucho la atención, era un *muñeco* en esencia: rubio, ojos claros, gigantesco y fornido. Sin lugar a dudas, un *boost* genético para garantizar hermosos hijos.

Mi amiga cayó rendida ante tremendas cualidades. En cuan-to el personaje entró al salón, se volvió su tema de conversación favorito, el protagonista de sus sueños. Del pobre novio ni restos quedaron, desapareció sin dejar huella, debe haber experimen-tado en carne propia las feroces fauces de la tierra tragándoselo.

76

Después de unos días, mi amiga logró su cometido: era la novia del ruso. Anastasia Románov se quedaba chica a su lado. De inmediato se dio cuenta de que para andar con un ruso había que entender ciertas instrucciones... y estaban literalmente en ruso. No pensaban igual, no tenían las mismas intenciones, valores, necesidades, prioridades ni NADA en común en absoluto. El ruso no comulgaba con su típica, tradicional y muy mexicana idea de noviazgo provincial. Ella daba por hecho que le abriría la puerta, la llevaría tomada de la mano, la despertaría con un cálido y cariñoso «Buenos días» porque estaba acostumbrada a eso; en cambio, no recibía ese tipo de atención, casi nada, casi nunca.

Los rusos no tienen detalles cuando cumplen un mes de noviazgo, no mandan flores, no llaman por lo menos una vez al día para expresar su amor, no ponen su estatus sentimental en Facebook. Los rusos son rusos y fríos les gusta ser. Eso está bien en la medida en que el otro pueda sobrellevar el proceso de adaptación y aprenda a sortear, tolerar y amar las diferencias. En esos casos, las relaciones biculturales trascienden.

> **En el marketing como en el amor, los elementos para que la relación funcione son perseverancia, compromiso, esfuerzo mutuo de adaptarse y un profundo valor en común encontrado.**

Dicen que de todo se aprende, y supongo que ella aprendió mucho. Tuvo que crecer y evolucionar con él paso a paso. Por fortuna, el suyo era un mercado nuevo, naciente, y los dos eran jóvenes, así que ambos estaban apenas creando sus *target values*. Mi amiga mexicana y su novio ruso siguen juntos. A veces veo publicaciones de ella en redes sociales desde algún lugar lejano y frío. Supongo, y espero, que es muy feliz. También le agradezco ser mi ejemplo de historia exitosa de amor internacional.

La clave es mucha perseverancia, compromiso, esfuerzo mutuo de adaptarse y, con toda seguridad, un profundo valor en común encontrado. No siempre sucede así. Solemos relacionarnos y enamorarnos de personas que tienen algo en común con nosotros, del mismo modo que consumimos y compramos algo que, por lo menos, nos es un poco conocido. Pero sí que puede crearse en un consumidor la necesidad por una marca que piensa que no es «su tipo».

Cuenta la leyenda que, en Europa, un banco se pintó por completo de rosa y, aunque usualmente los consumidores no relacionan este color con el medio banquero, la estrategia resultó por demás efectiva gracias a los marcadores somáticos.[6] Esto lo leí en un libro de Martin Lindstrom, especialista en neuromarketing con una increíble experiencia en estrategias de marketing; si no lo conoces todavía, te invito a que lo descubras. Comienza por *Buyology*, para mí, el mejor de sus libros. En él cuenta:

En una ocasión, estando de visita en Europa Oriental, me entrevisté con el director general de uno de los bancos más grandes de la región, quien me preguntó cómo podría mejorar el reconocimiento de su banco en la mente de los consumidores. Acababa de terminar una deliciosa cena acompañada de varias copas de vino, lo cual quizá contribuyó a que le aconsejara espontáneamente que pintara todo su banco —y su contenido— de color rosa. El hecho de que el rosa y la banca no sean

[6] Los marcadores somáticos son recuerdos de respuestas corporales a experiencias en el pasado, puromarketing.com/44/31795/neuromarketing-papel-juegan-marcadores-somaticos-toma-decisiones-consumidores.

precisamente la mejor asociación fue lo que me hizo pensar que podría funcionar. Seis meses después recibí un correo electrónico en el cual me informaba que había seguido mi consejo al pie de la letra. Todas las sucursales, todos los vehículos, todos los uniformes e incluso su corbata lucían ahora el rosa, pero la cuestión era que todo el mundo odiaba el color. ¿Qué debía hacer? Le dije que tuviera paciencia y que a los tres meses observaría un cambio. Casi tres meses después me escribió nuevamente. Sus clientes habían comenzado a asociar el rosa del banco con la tranquilidad y la seguridad de una alcancía infantil; el banco gozaba de mayor grado de reconocimiento entre los consumidores que cualquier otro banco del país y había podido recortar los gastos de marketing a la mitad.[7]

Sí, cualquiera puede aventurarse a instaurar una idea o un producto en un mercado que no parece tan seguro. Todo depende de cómo lo hagas y de que emplees algunas de estas estrategias, como los marcadores somáticos. Recuerda que todos tenemos anhelos profundos del corazón, los cuales casi siempre se generan en la infancia.

> Si construyes tus estrategias tomando los anhelos de tus clientes como pilares, será posible enamorarlos.

Cuando estés en búsqueda de tu mercado meta, ese segmento ideal para el que vas a diseñar tus productos en función de sus necesidades y sus deseos, puedes andar por cualquiera de los dos caminos: arriesgarte disruptivamente a conocer, perseverar y adaptarte a un mercado nuevo, buscando en sus anhelos más profundos la paridad con tu producto, o elegir un mercado que

---

[7] Martin Lindstrom, *Buyology. Verdades y mentiras de por qué compramos*, Barcelona, Gestión 2000, 2010, p. 143.

comulga desde el principio con tus ideas y tus costumbres, es decir, tomar un sendero más planito.

Cualquiera de las opciones que elijas estará bien. La decisión depende de la personalidad de tu alma emprendedora, y ninguna de las dos, a ciencia cierta, te asegurará jamás el éxito rotundo. Así que, adelante, aventúrate por donde quieras, pero jamás te quedes inmóvil por mucho tiempo.

Cuestión de tribus

> Logra sembrar tu producto en la tribu y ganarás exponencialmente a gran parte del segmento.

Volvamos al tema de las tribus, de cómo los seres humanos nos movemos en grupo y agradecemos la familiaridad por preservar la especie. Y ahora piensa por un momento en la rápida propagación de las modas.

Un día por la mañana, en el desayuno cotidiano con tus amigas, una de ellas estrena una llamativa bolsa azul con dorado. No sabes muy bien si te gusta o no, pero llama tu atención. Al mediodía, en la fila de la escuela, mientras esperas la salida de tus hijos, una de las madres del grupo porta con singular alegría la misma bolsa azul con dorado. Termina el día y, por la noche, camino a tu rutina diaria de ejercicio, encuentras en el estacionamiento del exclusivo gimnasio al que vas a una señora buscando las llaves de su coche en... ¡adivinaste!, la misma bolsa azul con dorado. La pregunta del premio mayor es: ¿cuánto tardas en comprar una bolsa como esa?

Ese podría ser uno de los más poderosos ejemplos de posicionamiento en la mente del consumidor. Logra sembrar tu producto en la tribu y ganarás exponencialmente a gran parte del segmento. Acabas de aprender una gran estrategia de marketing. En el tema de las redes sociales, la clave es *viralizar* contenidos:

- Llama su atención.
- Siembra compartidos.

Y tendrás un gran impacto a un costo apropiado.

Ahora te voy a proponer un ejemplo de marketing en redes sociales con pauta (pago de anuncios). Cuando haces un anuncio en Facebook e intentas promocionar una publicación, seleccionar un segmento ideal podría volverse un dolor de cabeza y, peor aún, un gastadero de dinero. Lo que te recomiendo es recordar las tribus, probar con segmentos más pequeños o los llamados nichos, pero con contenidos más personalizados. De esta manera ganarás más impacto orgánico con las interacciones certeras, aunque recuerda que debes conocer a tu mercado. Este tipo de pruebas te ayudará también a familiarizarte con el comportamiento de tu audiencia.

Más despacio. Imagina que quieres vender la mencionada bolsa azul con dorado, entonces supones que tu mercado potencial son mujeres de entre 20 y 55 años de nivel socioeconómico medio alto (clase media) que gustan de vestir bien. Podrías hacer un anuncio en Facebook seleccionando mujeres de 20 a 55 años que residan en tu zona de ventas o envíos, que tengan dispositivos electrónicos de gama alta y que busquen en internet temas de moda, pero de esta manera todavía estarías tratando de impactar a un mercado muy grande y, con lo que cuesta en estos tiempos la publicidad en línea, gastarías mucho dinero para llegar a impactar a los cientos de miles que Facebook te dirá que tiene cautivos. Además, ya sabemos que entre más conozcas de tus clientes potenciales, más podrás personalizar tus conversaciones; no a todos les puedes hablar igual, no a todos les gusta lo mismo. Sería mucho más efectivo crear un anuncio con una imagen de un grupo de amigas tomando café y lanzarlo a un segmento que, aparte de cumplir con las características de tu mercado ideal, suela ir a las cadenas de café conocidas por todos. Asegúrate de crear entonces otro anuncio para decir que la bolsa es a prueba de manchas, usa una imagen que muestre lo que los dulces de los niños pueden hacerle a la bolsa y lánzalo al segmento que cumpla las características principales, pero que además tenga hijos en infancia temprana. Así cada subgrupo de esas mujeres se sentirá identificado con tu publicidad.

Es decir, en vez de lanzar un anuncio genérico, inténtalo de nuevo, pero esta vez selecciona a todos los que consideras que son tus clientes potenciales y divídelos en grupos con intereses en común. Lanza tu mensaje de una manera más personal y prevé diferentes variables. Cambiando de grupo objetivo, y después cambiando el tipo de tu mensaje, puedes intentar ejecutar las pruebas A/B de Facebook.[8]

> Lanza tu mensaje de una manera más personal y prevé diferentes variables.

Si no estás familiarizado con las pruebas A/B, te las explico brevemente. Al hacer un anuncio puedes indicarle a Facebook que lo mande en diferentes composiciones, por ejemplo, que use el mismo texto con una imagen diferente con la finalidad de probar cuál de las variables da mejores resultados con el resto de las opciones constantes. Requiere un mayor esfuerzo, sí, pero el conocimiento que te da es valiosísimo. Solo ten cuidado

---

[8] Curso de aprendizaje electrónico, Pruebas A/B de Facebook, facebookblueprint.com/student/activity/235588?sid=e0927fd2-d01a-490e-82ec-9d401176bdc3&sid_i=0.

con la frecuencia; con esto me refiero a la cantidad de veces que tu anuncio le aparece a un mismo público. A nadie le gusta que lo saturen con cosas que NO quiere ver.

Así pues, hemos entendido que los sectores que queremos impactar comparten algo en común y que, como cadenita, podemos buscar posicionarnos en pequeños nichos con embajadores de marca que sean quienes nos proyecten a más nichos de un mismo segmento.

La atracción, como ya hablamos, es muy importante en una relación. No es sencillo que de pronto alguien se sienta atraído por algo que no le gusta, mucho menos obligarlo a sentir esa atracción. Pero la atracción es un paso básico de las relaciones, y aunque sí es antesala, pasar a lo importante requiere de conocimiento.

Como seres humanos en cacería y preocupados por aumentar nuestras posesiones y propiedades, cuando algo nos gusta, es usual que intentemos conseguirlo. Nos gusta y lo queremos. Seguramente te ha pasado que conoces a alguien que, de primera impresión, te parece una evocación de la perfección y, días más tarde, al tratarlo más, descubres que no es tan buen elemento como pensabas. Esto se debe a que, en el interior, sus cualidades no son muy compatibles con lo que realmente buscas.

«Eres muy guapo, eres buena persona, tienes éxito en los negocios y todos se ríen de tus chistes, pero no me gustas». Debo confesar que alguna vez tuve esa conversación. Los estándares sociales de primera impresión clasificarían a ese tipo de hombre como perfecto y con alto potencial matrimonial, pero yo no era su *target*. Yo buscaba en una pareja otros atributos. El problema fue insistir en hacer embonar algo que de principio no estaba destinado a ser, el resto de la historia ya se la imaginan. El error fue de los dos: de él por forzar a un consumidor que no se sentía identificado con su producto y mío por consumir una marca que no me satisfacía solo porque estaba de moda. Ahora los dos estamos bien, aprendimos de marketing y de amor. Yo, al menos, sí lo hice. Por el bien de sus negocios y de sus relaciones, espero que él también.

En el marketing como en el amor, preguntarle a un tercero te ayudará a conocer los intereses de tu *target*.

Los clientes no son segmentados por las marcas y productos; los productos y las marcas son creados en función de los clientes. Aquí no hay discusión sobre si primero fue el huevo o la gallina. El origen de un producto o una marca es la necesidad de un mercado por solucionar un problema, grave o banal, detectado o no, superficial o común, anhelo profundo de su corazón o búsqueda exterior de reconocimiento.

¿Cómo puedes saber qué necesita un ama de casa con tres hijos para ser feliz? Pregúntale. ¿Cómo puedes saber qué necesitan los estudiantes de una universidad privada de la Ciudad de México para ser felices? Obsérvalos. ¿Quién va a determinar el precio de lo que lances al mercado? Quien lo vaya a pagar.

Conocer un poco más de tu posible cliente te ayudará a poner en marcha la comunicación efectiva.

Es más simple de lo que parece y más complicado de lo que se lee: complicado por el tiempo, el esfuerzo y la atención que requiere; simple debido a que solo tienes que hacerlo. Un poco de investigación de mercados y un mucho de reducir los riesgos. Conocer un poco más de tu posible cliente te ayudará también a la comunicación efectiva, tema que veremos más adelante.

Las investigaciones de mercado han sido tarea de los mercadólogos desde hace muchísimos años. Hay quienes las defienden a capa y espada asegurando que reducen por completo los riesgos de falla de un producto o una marca que se lanza al mercado. Hay también quienes dicen que no son tan certeras, pues los seres humanos contestamos a quienes nos preguntan lo que debemos contestar para quedar bien, no lo que en realidad pensamos y sentimos, es más, se asegura que ni siquiera lo sabemos. Si bien en estos días contamos con herramientas más certeras y profundas como las investigaciones en neuromarketing, siempre es preferible prepararse, y la forma más cercana y sencilla que tenemos es con las investigaciones comunes de mercado. Eso sí, te recomendaría que buscaras a un tercero para preguntar.

85

Sería muy incómodo que en este momento se acercara a mí un hombre y te preguntara a ti qué tipo de hombres me gustan y si él tiene las características suficientes para atraerme; sería muy valiente o muy atrevido este sujeto. No sería para mí una situación cordial, y creo que para ti tampoco. Posiblemente me apenaría mucho, a lo mejor tendría consideración para no herir sus sentimientos y le daría una respuesta redundante y evasiva, o quizá, si me agarrara por sorpresa y me asustara, mi respuesta podría ser ruda y a la defensiva. En cambio, si este dichoso hombre busca a alguna de mis amigas, entabla una relación amistosa con ella y le pide como un favor que investigue cuáles son mis ideales en un hombre para, después, pedirle también que busque la oportunidad de consultarme sobre su perfil en particular, no solo tendría mayor éxito, podría incluso llamar positivamente mi atención y hacerme sentir halagada.

Lo mismo puede pasar cuando preguntas directa e intrusivamente a tus clientes si te quieren. La respuesta que puedan darte no es muy fiable, depende de muchas circunstancias y, de entrada, comenzaste con el pie izquierdo. En cambio, si recurres a un tercero, ya sea una agencia especializada en medir el servicio al cliente o la amiga de tu primo que tiene habilidades para hablar por teléfono, tu cliente puede contestarte más certeramente y hasta sentirse halagado por saber que tomas en cuenta su opinión.

Las neuronas del corazón: neuromarketing

Ya hablamos de la importancia del instinto, pero ahora hablaremos más profundamente del tema, tanto que recurriremos a estudios especializados y resonancias magnéticas. En mis múltiples visitas al «mal de amores», podía asegurar que el corazón me dolía físicamente, incluso, en alguna ocasión recurrí al paracetamol y pareció funcionar. Tampoco le ponía mucha atención a esas corazonadas cuando algo no me «latía». Ya te dije que el instinto es una cualidad invaluable del ser humano, así que, cuando tengas una corazonada, escúchala, sí por instinto, pero más por inteligencia neuronal.

Nunca fui fan de los libros de autoayuda y superación personal hasta que no me quedó de otra más que autoayudarme y superar mis conflictos personales. En ese nuevo camino de aprendizaje e intensa lectura, encontré a Rut Nieves y su enriquecedor libro *Cree en ti*, y me alegra haberlo encontrado en ese momento porque en mis años de ego, alzado como mecanismo de defensa, jamás lo habría leído.

El libro me enseñó la ciencia detrás de la superación personal y la autoestima. Entre átomos, energía y ADN, su quinto capítulo, «Todo lo que nadie te contó», explica con datos duros e investigaciones científicas por qué cuando nuestros pensamientos y emociones están en sincronía logran crear o destruir todo lo que nos rodea. Parece drástico y exagerado. Antes de leerlo, no tenía ni idea de que el corazón tiene neuronas. Te invito a que lo consultes directamente o a que abras tu buscador en internet y teclees: «¿Cuántas neuronas tiene el corazón?». Sí. Neuronas. Voy a transcribir letra por letra las palabras que fundamentaron por completo toda mi investigación:

En una entrevista, Howard Martin, vicepresidente del HearthMath Institute (California), nos explica que el corazón tiene un sistema nervioso muy complejo. Nos aclara que existen unas cuarenta mil neuronas en el corazón. Howard nos explica que la inteligencia emocional es mucho más rápida que la del cerebro, de alta velocidad y de naturaleza intuitiva. Nos da las decisiones que necesitamos para avanzar en la vida, es algo innato a nosotros. Siempre está ahí.[9]

Fue sorprendente darme cuenta de que muchos de los libros que leí acerca de gestión de emociones, creencias limitantes y hasta el poder del universo coincidían en dos cosas: una, que la mente subconsciente es extremadamente más poderosa que la consciente; la otra, que las dos fuerzas que mueven a los seres humanos son el miedo y el amor.

---

[9] Rut Nives, *Creen en ti. Descubre el poder de transformar tu vida*, México, Diana, p. 86.

Sería tema completo de otro libro hablarte de lo que he aprendido después de buscar respuestas en la meditación, las barras de access, los imanes y el *thetahealing*. Puedo compartirte, en resumidas cuentas, que confirmó mi hipótesis de que el marketing y el amor tienen todo que ver. Las grandes estrategias de posicionamiento en la mente de los consumidores se hacen a través de los miedos o de los placeres (satisfacción de necesidades), por desgracia, son muchas más las que se basan en el miedo. Solo para darte un ejemplo, recuerda todos esos anuncios que te advierten sobre graves peligros: no ahorrar lo suficiente para la vejez, perder al hombre de tu vida si no te mantienes en forma, dejar pasar esa increíble oportunidad del 3x2 y después pagar más por lo que podrías haber pagado menos. Miedo, miedo, miedo. Ahora sabemos que las emociones son equiparables a los pensamientos y, por si fuera poco, son mucho más fuertes cuando se enfrentan con decisiones de compra; en el amor, lo tenemos claro, si la mente no se pusiera *on hold* cuando sentimos el aroma de nuestro ser amado acercándose, muchos terapeutas de pareja se quedarían sin trabajo.

> Las grandes estrategias de posicionamiento en la mente de los consumidores se hacen a través de los miedos o de los placeres.

Las investigaciones en la Facultad de Ciencias de la UNAM dicen que las neuronas intracardiacas presentan una gran complejidad e importancia en la modulación de las funciones del corazón.[10] Tan grande es la función de las neuronas del corazón

---

[10] Juan Ojeda Alonso y G. Hortensia Gonzáles Gómez, «Las neuronas del corazón», *Ciencias*, núm. 120-12, abril-septiembre, 2016, pp. 46-55, Facultad de Ciencias-UNAM, revistacienciasunam.com/en/202-revistas/revista-ciencias-120-121/1996-las-neuronas-del-coraz%C3%B3n.html.

que pueden procesar información por sí solas y cambiar el ritmo cardiaco. ¿Ya ves que, según la ciencia, el corazón sí duele con un mal de amores? En temas no tan científicos, descubrí el efecto real que tiene el paracetamol sobre ese dolor que se experimenta con un corazón roto. Amigos, ¡funciona! Espero que no sea tu caso, pero si te duele mucho el amor, tómate un paracetamol, no se te quita, pero aminora.

Y bueno, después de dar fundamentos científicos y caseros, surge en este tema la validación de lo que llevo diciendo en estas páginas: la meta del marketing debería ser el corazón. ¿Te imaginas el poder que tendría en los corazones de sus clientes una marca bien diseñada emocionalmente?

En el marketing como en el amor, la meta debería ser el corazón.

Volviendo a Martin Lindstrom y *Buyology*, tal vez recuerdes esa famosa activación publicitaria en la que se daba a los voluntarios a beber dos vasos de refrescos de cola sin saber qué marca era cuál. La mayoría elegía Pepsi y, por supuesto, la refresquera se pavoneaba asegurando que los consumidores le preferían. Era cierto, pero ni con esto sus ventas superaron a las de Coca-Cola.

En su libro, Lindstrom nos cuenta que, 28 años después del reto original de Pepsi, el doctor Read Montague, director del laboratorio de Neuroimágenes del Baylor College of Medicine, en Houston, repitió el estudio, pero esta vez midió con resonancia magnética los cerebros de 67 participantes mientras probaban los dos refrescos. El estudio confirmaba que, cuando los consumidores desconocían la marca de los refrescos que probaban, preferían Pepsi. Después volvió a medir las reacciones cerebrales mientras tomaban los refrescos, pero teniendo pleno conocimiento de cuál marca era cada uno; en esta ocasión, el 75% de los participantes prefirió Coca-Cola. La conclusión fue que había dos zonas del cerebro comprometidas en una lucha de fuerzas entre el pensamiento racional y las emociones, y que las emociones le ganan indiscutiblemente a la razón cuando los consumidores asocian de manera positiva otros elementos de Coca-Cola, como su historia, logotipo, color, diseño y fragancia. La identidad emocional de Coca-Cola derrota la preferencia racional y natural por el sabor de Pepsi porque las emociones son la forma en que nuestros cerebros codifican las cosas de valor, y una marca que nos compromete emocionalmente vence una y otra vez.

Quiero hablarte mucho más de neuromarketing, sobre todo porque soy una gran fanática de Martin Lindstrom, como ya te comenté. Encontrarás muchos más datos interesantes en las próximas páginas, pero, por favor, no dudes en investigar lo que te digo. Podrías encontrar el camino en la comunicación emocional hacia una relación mucho más estable y bonita con tu pareja y con tus clientes.

Bien. Crees que ya conoces a tu cliente. Ya filtraste y comprendiste las emociones, los gustos, las tendencias y las obsesiones de la chica que te gusta. Es seguro que, después de conocerla mejor y confirmar que es tu *target*, ahora te guste más. Es muy posible también que luego del tiempo, esfuerzo y atención que invertiste en conocerla, hayas llamado su atención y ahora ya sepa que existes. ¿Es para ti en realidad lo más importante?

Crushtomer

He pasado más de cuatro años repitiendo analogías entre el marketing y el amor que me permitieran explicar a quien me rodeara lo funcional que es conocer de mercadología. Más profundo todavía: que me permitieran explicar a todos que cada uno de nosotros somos, seremos y hemos sido mercadólogos desde el principio de los tiempos.

En mis analogías, me empeñaba mucho en el paralelismo entre *cliente* y *pareja* con el firme propósito de argumentar la vital importancia que tiene tratar a tu cliente como si fuera tu pareja, como si fuera esa persona con la que quieres pasar el resto de tu vida. Claro, podría parecer banal. ¿Cómo comparar algo tan efímero como las transacciones comerciales con algo tan significativo como el amor? La respuesta es simple: El MARKETING necesita del AMOR y el AMOR necesita del MARKETING.

El marketing necesita amor para entender que las relaciones comerciales deberían tener en mente el beneficio de ambas partes, así como pensar en cumplir el largo plazo del «felices para siempre» siendo lo más felices que se pueda; en dejar atrás la necesidad avara de venta para comprender que somos y permanecemos gracias a nuestros clientes, quienes deben ser tratados con amor, consideración y respeto.

> El MARKETING necesita del AMOR y el AMOR necesita del MARKETING.

Por su parte, el amor necesita marketing desde el principio. Si dedicamos más tiempo a la investigación de mercados de nuestra futura pareja y nos damos más tiempo para conocerla, tendremos menos riesgo de equivocarnos y terminar con el corazón roto. Es cierto que el riesgo seguiría existiendo, pero sería mucho menor.

En este camino de necesidad auténtica y pura por compartir mi pasión por el marketing y por humanizarlo, llegué a un punto complicado, a un parteaguas que me impedía seguir caminando. Me encontré con la crisis del escritor, sentía que faltaba una pieza en todo esto. Algunos de mis lectores me entendían y se emocionaban conmigo al conversar por medio de las letras; otros, sin embargo, no sentían esa empatía esperada, se reusaban a querer entender los paralelismos que intentaba explicar entre ambos términos.

Después de pensarlo por un tiempo, con la ayuda de algunas personas importantes para mí, surgió el término que acuñamos como un estandarte de tropa. No se trata ya de un *cliente*, quedó atrás el *consumidor*. Un *crushtomer* va más allá de la audiencia.

CRUSHTOMER: Aquel que, sin saberlo, le dará vida a tu empresa comprando, divulgando, retroalimentando y amando tu producto en lo próspero y en lo adverso, y por quien retribuirás recíprocamente con innovación, atención y servicio aun después de la venta y hasta que la muerte del mercado los separe.

Hoy, más que nunca, tenemos la obligación de ver por los intereses del otro como veríamos por los nuestros. Hoy, más que nunca, la solidaridad apremia. Hoy, más que nunca, fundirnos empresa y cliente hasta ser casi uno mismo es la herramienta para sobrevivir y sobresalir en este cambio pandémico. Recuerda que parte de este libro se escribió en el total encierro de la pandemia por COVID-19.

En el marketing como en el amor, deben ser tus clientes el centro de tu pasión.

Así como te sientes cuando tu esposo te dice: «Todo estará bien»; así como te sientes cuando tu novia te toma de la mano y te ofrece una mirada de aliento; del mismo modo que mantienes la esperanza en pro de los que viven y conviven contigo, así deberían sentirse tus clientes de saberte firme y dispuesto no solo hoy, sino todos los días a partir de hoy, aun después de terminar esta crítica pandemia.

Tú y tu consumidor deben encontrarse en un punto común y buscar una opción conveniente para ambos. La tarea de tu lado es clara: ver, sentir y entender a tu cliente como si de tu pareja se tratara, con AMOR bonito.

Bienvenidos a la era de los *crushtomers*. En el marketing como en el amor, deben ser tus clientes el centro de tu pasión.

93

CAPÍTULO 4

AMOR PROPIO

¿Quién soy? ¿Cómo me llamo? ¿Qué estoy haciendo en este mundo? No esperes que te entiendan si no te entiendes ni tú.

¿Ahora sí puedo hacer una megactivación? ¿Puedo hacer una inauguración monumental con bombos y platillos? ¿Ya puedo decirle a la chica que me gusta que me tiene loco y fijar la fecha para la boda? Por supuesto que NO. Antes de la conquista, antes incluso de la investigación de mercados, está el amor propio y el autoconocimiento, *autoestima* le dicen.

Lo que leerás en este capítulo dista mucho de ser lo que pensé que escribiría cuando empecé este libro. En aquellos tiempos, para mí, mucho de lo que aquí digo eran tonterías, brujerías, creencias burdas y hasta pecado. Pero un barco siempre regresa a puerto para no perderse por completo en el mar. Llegó el día en que no me quedó de otra: o escuchaba o de plano mi rumbo quedaría a la total deriva sin esperanza alguna de regresar. Iba a volverme loca, pues.

Doctor psiquiatra

No recuerdo con claridad por dónde empecé. Era tan profunda mi depresión que quería agarrarme de cualquier cosa para no seguir cayendo. Obviamente fui al psiquiatra, a todos los psicólogos posibles, e hice lo que me indicaban. Después de todo, era el camino que una mujer de ciencia, académica, empresarial y con tres maestrías (modestia aparte) debía seguir.

Me diagnosticaron con rasgos de TLP (trastorno límite de la personalidad). Sí, la que escribe estas letras fue duramente clasificada en la cajita de los que no piensan como todos y que tienen una serie de «recomendaciones» que atender en sus vidas. ¿Te imaginas? Me estaban diciendo que mi mente estaba mal, atrofiada. Esa mente que me llevó a conseguir tantas cosas buenas, que hizo a los mejores amigos y que se encarga de mis tres principales motivos de vida: mis hijos. Por supuesto que al principio me llegaron todas las etapas del duelo en una sola. Empecé a culparme por todos mis fracasos amorosos y existenciales, y hasta por no haber ganado la lotería el único día que compré un boleto. Todo era mi culpa, mía y de mi recién diagnosticada locura. Entonces, el psiquiatra me dijo: «Quien esté libre de trastornos que tire la primera piedra».

Probablemente a estas alturas ya estés algo cansado de mis historias; renueva tu espíritu conciliador porque vienen más, muchas más. A fin de cuentas, mucho de lo que he vivido me ha dado el aprendizaje que aquí te comparto.

Estaba frita, perdida, desolada. No creía en mí y no sabía a dónde dirigirme, ni en el marketing ni en el amor. Había llegado a la cima de lo que yo creía que sería mi carrera y, en amores, ya había gastado todas mis balas. Mi última experiencia, en la que amé profundamente y confié por completo en la luz que veía en

96

sus ojos como símbolo inequívoco del amor, fue un fiasco. Mentira no, un fiasco sí.

En el marketing no sabía cuánto cobrar, cómo conseguir más clientes ni qué hacer para que mi estructura empresarial no tambaleara cada vez que se nos juntaba la chamba. Llegué a pensar que no era tan buena y que estaba convirtiéndome en una estafa. Claro, tenía la autoestima en el piso y dejé que mis pensamientos se apoderaran del volante de mi vida. Yo, la experta en marketing y en amor, sin clientes y sin amor. Vulnerabilidad total y al rojo vivo.

> En el marketing no sabía cuánto cobrar ni qué hacer para que mi empresa no tambaleara cuando se nos juntaba la chamba. En el amor ¡nunca cobres!

Como fiel creyente de quienes ya investigaron y conocieron antes que yo, me metí a un diplomado en trastornos de la personalidad. Sí, la mercadóloga se encontraba entre médicos y psicólogos, mis compañeritos de clases virtuales. Ni modo, era lo que me tocaba. Podría estar muy loca, pero cuando menos, iba a conocer todo lo que pudiera sobre mi locura.

Al final del diplomado y de las intensas terapias, entendí que soy neurodivergente, es decir, que pienso diferente, y eso me ha ayudado a sentir en carne viva las bondades y los sinsabores del amor; pero, bueno, me ayudó a escribir este libro. Puntos a favor de mi conocimiento, aunque se diera con un sufrimiento parecido a la pasión de nuestro señor Jesucristo (ahora sí, exagerando).

A mí me diagnosticaron un problema mental; a mi negocio, uno administrativo. Las cuentas de mi empresa no estaban tan sanas. Pensé que como mercadóloga tenía que dedicarme a tener ideas y ponerlas en práctica. Mientras los números de la

97

cajita registradora siguieran sonando, no eran mi departamento. Este problema también se solucionó, fue más fácil y sin recetas selladas; acudí a un experto en administración y en poco tiempo volvió a poner estructura.

Soy la persona más enamorada de mi mundo, soy la mercadóloga más creativa de mi despacho, SOY. Eso es lo importante, tener la capacidad de reconocer tus atributos, tanto en el marketing como en el amor, y saber también que hay espacios en donde necesitas ayuda. Permitirte recibir esa ayuda sin sentirte culpable por creer que no eres suficiente es uno de los actos más grandes de amor propio y por ese quería empezar este capítulo.

> **En el marketing como en el amor, es tan importante reconocer tus atributos como los espacios en los que necesitas ayuda.**

Eres suficiente siempre, la medida la pones tú, y en donde sientas que hay algo que te falla, siempre habrá un experto que pueda auxiliarte mientras te dejes ayudar. ¿Quién sabe?, en un descuido, tu peor miedo se convierte en una de tus mayores fortalezas.

El amor es amor, sin apellidos

Esta sección debería estar hasta abajo; se está escribiendo en la recta final del libro (en tiempos de escritura) y creo que es un aprendizaje muy valioso para mí después de tantas páginas de marketing y amor. Para fines prácticos del libro, el orden de los factores no altera el producto. Para fines prácticos de mi historia, sí.

Ese amor del que hablo en repetidas ocasiones (algunas ya las leíste, otras estás por leerlas), en este preciso momento no está. La serie se dividió en dos: él volvió a la temporada donde se había quedado antes de conocerme y yo regresé a mi «cerrado por remodelación». ¿Que si en este momento lo odio? Sí, por supuesto, externamente, sí. ¿Que si en este momento lo amo? Sí, por supuesto, internamente, sí. Justo aquí quiero compartirte que el Amor es Amor, sin nombres ni apellidos.

El amor no se crea ni se destruye, solo TE TRANSFORMA.

Si buscas en YouTube a Jorge Serratos, podrás encontrar la entrevista que me hizo el 14 de febrero de 2023, donde justamente me pregunta sobre este tema, y yo, sin rienda alguna, me dejo ir. En esa entrevista le mando un cordial saludo a mi ex y a su nueva novia, en el día del amor y la amistad, mientras yo veía el techo. En esa entrevista también confieso que sigo sintiendo amor por él… y por el anterior a él, y por el que estuvo antes del otro. Y es que el amor no se crea ni se destruye, solo TE TRANSFORMA. Es una serie de procesos que dan pie a un nuevo tú, dañado y reconstruido, con cicatrices y nuevas formas.

Pasa el tiempo, dejas capítulos atrás y estrenas nuevas temporadas, pero siempre sigues amando a tus ex aunque los odies. Son una parte de ti, son un vínculo que en su momento se creó y dio fruto a la sabiduría que adquiriste (me refiero a los vínculos que fueron importantes). Sigues amando lo que vivieron juntos y que fue tan importante, eso que cuando terminó dolió tanto. Sigues amando la magia que sentiste y los momentos que crearon juntos; ahí están, y déjame decirte que no se irán NUNCA, a menos que encuentres a alguien que te haga una lobotomía y te resetee el casete.

El amor es amor, no es propio ni es ajeno. Nace del mismo corazón que da, que recibe y que se nutre; proviene de la misma fuente, y si has amado intensamente, entonces eso habla de tu capacidad de amar, la misma que se manifiesta en amor propio cuando así tú lo decides. No tiene dirección obligatoria y no se acaba por darlo sin recibirlo de vuelta.

Ahora está muy de moda hablar del amor propio. La pelirroja que se sienta conmigo en la oficina es fanática de decir que el amor propio es primero, que para amar a alguien más debes amarte a ti mismo. El sujeto que se fue con la chavita sin chiste decía que siempre debemos ponernos a nosotros mismos primero, que al primero que hay que cuidar es a uno mismo. Estoy de acuerdo con los dos y no.

Creo que, si amas a alguien, puedes y sabes amarte a ti mismo; es más, ¡te amas! Justamente ahí cobra sentido lo que dicen de «no puedes dar lo que no tienes». Ahí está: si amas es porque tienes amor adentro. Creo también que cuidarse y amarse a uno mismo es superimportante y necesario, pues habla de la validación. El problema está cuando rayamos en el egoísmo. Amarse a sí mismos no debe ser un impedimento para ver al otro, y mucho menos quiere decir que podamos usar el «autoamor» como justificante para lastimarlo. Eso no es amor, ni propio ni ajeno, eso es egoísmo.

Entonces, a ver, Estefanita, ahora liga tu teoría de amor universal con el marketing. Pues ahí te voy. La graduación del marketing justo, emocionante y equitativo se logra cuando haces lo que haces sin la intención de dar ni de recibir, es decir, llegas a un nivel supremo del Olimpo en el que todo fluye solito. Creas por pasión, vendes por propósito y satisfaces por añadidura.

Sí, pensaba irme de aquí sin explicar más, pero reflexioné. Crear por pasión es tener una idea y ejecutarla, llevarla hasta sus últimas consecuencias sin rajarte en el camino porque es tuya, la valoras y quieres que todos la vean. Motivado siempre estás, te encanta lo que estás haciendo y quieres

> El marketing justo, emocionante y equitativo se logra cuando haces lo que haces sin la intención de dar ni de recibir.

más, mucho más de eso. Vender por propósito es ambivalente, vale para el cliente y vale para ti. Vendes para que tu idea con mucha pasión siga viva y crezca, y lo haces para que tu cliente crezca con tu aportación creativa (del verbo *crear*). Y bueno, la satisfacción viene por añadidura. Tú eres feliz desarrollándote y tu cliente es feliz creciendo contigo. Así, igualito, debería ser el amor.

En el marketing como en el amor, deberías ser feliz desarrollándote y el otro debería ser feliz de crecer contigo.

101

Manifestando

Querido Universo: te escribo otra vez yo para recordarte que tengo ya varios años pidiéndote lo mismo y aún no veo resultados. Sí, voy mejor en mi negocio, pero yo quería hacer de comer todos los días en mi casa esperando a que llegara mi marido. Sí, mis hijos son lo máximo en el mundo y tengo la dicha de pasar con ellos momentos divertidos e increíbles que probablemente un padre conservador no hubiera permitido, pero yo quería ir a Costco los fines de semana con ellos y mi carriola carísima. Sí, tengo las mejores amigas del mundo, pero yo quería pasar largas noches platicando de mi vida con el esposo perfecto. Es que, Universo, en serio tú no me escuchas.

No es broma que eso era lo que pedía ni es broma que también creía que el Universo no me escuchaba.

Empecemos por el principio. Yo no creía en el poder de la manifestación, o cuando menos, no creía que pudiera funcionarme a mí. Era de las personas que juran que el poder del trabajo duro es más que suficiente, que los sacrificios son necesarios y que para ganarse el Cielo hay que vivir en austeridad franciscana. Pero ya les había rezado a todos los santos, trabajaba de sol a sol, y aunque lo de la austeridad nunca se me dio, creía estar haciendo suficiente para crecer y no crecía. Ojo, no crecía en ese único y exclusivo ámbito en el que quería crecer. Crecimiento había por todos lados, pero no en el aspecto por el que me azotaba constantemente y por el que pedía milagros de rodillas. Luego, escuché un pódcast en Spotify que explicaba en tres palabras la lógica de por qué mis rezos no funcionaban: Dios sí quiere…

Decía claramente y sin tapujos que dejara de pedirle a Dios y empezara a creer con todas mis fuerzas que Él sí quería, que estaba solo en mi ACTITUD lograr lo que me propusiera.

Aquí es donde deberías estar esperando mi historia de iluminación superior en la que relato cómo ahora soy dichosa y plena en todas las áreas de mi vida. Pues no. Pero soy mucho más dichosa, mucho más plena y, sobre todo, soy mucho más segura de mí misma. Y aquí sí viene la explicación lógica, racional, académica y hasta científica del poder de la manifestación: cuando actúas con seguridad, transmites confianza; cuando transmites confianza, la gente te cree; cuando la gente te cree, te abre las puertas a las oportunidades y, como actúas con seguridad, no te asustan (tanto) esas oportunidades y las llevas a cabo. Punto. Punto. Punto.

Ahí está, esa es toda la ciencia de la manifestación. Facilita, pero verdadera. Muy efectiva, por cierto, en el marketing y en el amor.

En el marketing como en el amor, cuando actúas con seguridad, transmites confianza.

Entonces, si estás pensando en vender un producto que ni tú comprarías, no vas a transmitir confianza, y etcétera, etcétera. Si tienes un emprendimiento y mueres de inseguridad, es muy probable que no funcione tan bien como podría. Creer en ti y en tus productos es la base para manifestar. Más adelante voy a tratar de enseñarte (aprender contigo, en realidad) cómo se puede creer en ti.

103

El poder de las emociones

Dicen que todos tenemos una misión en la vida. Creo que todos deberíamos tenerla, pues vivir con propósito es verdaderamente vivir.

No seremos capaces de generar emociones si no vivimos sintiéndolas. Lo que crees es lo que creas, pero si no te crees ni tú, difícilmente transmitirás una pasión que no sientes. Y eso se nota tanto en el marketing como en el amor.

¡Qué bonito cuando el cuerpo se estremece con una caricia, con el olor de su perfume, con su voz! Yo no lo creía. Recuerdo que, de niña, mi mamá me decía que la primera vez que vio a mi papá le temblaron las piernas. Dice que treinta años después le siguen temblando. Me parecía cursi y exagerado. Mi mamá siempre es folclórica en sus expresiones, ya que es del norte, y yo solo interpretaba lo que decía como un dicho más de los modismos sinaloenses. Hasta que…

Ya no regresaré a las historias de cuando conocí al amor de mi vida número uno, ni cuando conocí al amor de mi vida número dos —si lo medimos en temblor de piernas, solo he tenido dos amores de mi vida—, pero estoy muy segura de que eso que sentí movió, mueve y moverá mi mundo. Es muy, muy diferente cuando estás con alguien a quien amas profundamente que cuando estás con una persona a la que quieres mucho, pero que no te provoca escalofríos. Verte en los ojos de alguien por quien sientes verdadero amor te proyecta a lo más profundo de tus sentimientos, dibuja una sonrisa enorme en tu rostro y te hace estar de buenas todo el día. ¡Qué mayor inspiración que los latidos fuertes de tu corazón!

En el marketing como en el amor, difícilmente transmitirás una pasión que no sientes.

Algo similar pasa en el marketing cuando lo que haces te apasiona. Llegar al propósito de negocio indicado para ti es una bendición casi tan grande como un «te amo» correspondido. La vida se vuelve más fácil. Haces todo con mayor inspiración, terminas los días con emoción por lo que has logrado y esperas con ansias a que llegue el día siguiente. Eso solo ocurrirá cuando entiendas cuáles son las cosas que satisfacen a tu corazón profesional, esas para las que te sientes útil y valioso. Recuerda que ya está comprobado científicamente que el corazón tiene neuronas, y si logras pensar con estos dos cerebros, tus decisiones serán mucho más acertadas.

Neurocardiología. Encontré que es la nueva rama de la medicina que estudia la interrelación entre el cerebro y el corazón. Ahora me toca explicar uno de los temas fundamentales de mi experiencia en el posicionamiento de marcas: la triada perfecta.

Pensamiento, emoción, sentimiento. Repite conmigo: pensamiento, emoción, sentimiento. Esa es la fórmula, esa es la triada perfecta en el marketing y en el amor.

Entenderlo me tomó leer mucho e investigar más. Estaba casi obsesionada con los libros sobre los sentimientos y las emociones, muchos ya te los he recomendado aquí. Entonces, encontré algo en común en muchos de ellos, en especial en *Síndrome de un corazón roto* de Esther Iturralde[1] y *Déjalo ir* de John Purkiss;[2] los dos explican cómo se genera un sentimiento y la importancia del pensamiento. Entender esto te salva de un mal de amores y también te da muchas ideas para promover tus productos y servicios. Después de la triada perfecta, tus estrategias serán muy eficientes y tendrás muchas ganas de darles seguimiento. Creo yo.

> Pensamiento, emoción, sentimiento: la triada perfecta en el marketing y en el amor.

Primero que nada, entendamos el poder del pensamiento. No porque lo diga un neuromarketero famoso —todos lo dicen— o algún gurú de la autosuperación, sino simplemente porque es cierto. Lo puedes constatar tú mismo en cualquier momento, por ejemplo, ahorita.

[1] Esther Iturralde, *Síndrome de un corazón roto. Para sanar hay que sentir*, México, Grijalbo, 2022.

[2] John Purkiss, *Déjalo ir. Aprende el arte del desapego para ser más feliz*, Barcelona, Diana, 2021.

Estoy por preparar la comida en casa y, como hace calor, se me antoja algo fresco. Mis hijos son medio remilgosos para los sabores, pero hay algo que no falla. Voy al refrigerador y saco unos limones; mientras los parto veo cómo están llenos de jugo, incluso tengo que secar el área donde los corto de lo jugosos que están. Saco el exprimidor y empiezo a exprimirlos en una jarra con agua y veo que esta empieza a pintarse. Llevo más o menos siete mitades, pero están tan jugosos que no puedo resistirme, tomo una de las mitades y la llevo a mi boca para sentir un poquito de jugo en mi paladar.

De nada. ¿Sentiste esa sensación en la boca? Pero si fue solo un relato, solo un pensamiento, ni siquiera estoy en mi cocina. Pues bien, ese es el poder del pensamiento, y con este ejemplo quiero mostrarte las posibilidades que nuestra mente tiene de crear emociones físicas.

Cuando estás en una situación complicada en el amor, recordar lo malo que está pasando te pone triste. Si tu caso es grave, seguramente comienzas a llorar al recordar. Pero ¿por qué? Eso que estás recordando no está pasando en este momento. Vas en tu coche pensando en lo hiriente de sus palabras, pero no las estás escuchando, ¿por qué lloras entonces? Exacto, porque TODAS las emociones se crean primero en el pensamiento; incluso cuando sí estabas escuchando las palabras hirientes, tuviste que razonar primero para después sentir. Sí, fue en un milisegudo, pero si hubieras escuchado la más dura de las ofensas en un idioma que desconoces por completo, no te habría afectado tanto.

Así pasa con todas las emociones, buenas o malas. Si permites al pensamiento rumiar, creará emociones. Las mismas emociones que, una vez creadas, deben sentirse. Si tu pensamiento ya generó una emoción y decides ignorarla, estará prisionera de tu ser por un largo tiempo y es probable que después cree memorias reflectivas inconscientes. Por ejemplo, la emoción que sentiste cuando pensaste en él y su nueva pareja pudo haber sido aguda, y es probable que se haya intensificado si pensaste en lo que debe estar haciendo con ella en tu lugar, pero si quieres omitir la emoción que generó el pensamiento, ignorarla y seguir tu camino como si nada hubiera pasado para convencerte de que no te importó para nada, puede funcionarte si reemplazas el pensamiento y la emoción y logras desviar el proceso con un poco de técnica y suerte, pero, en la mayoría de los casos, omitir esa emoción hará que la próxima vez que los veas o los pienses, tu cuerpo refleje lo que dejaste guardado.

Y entonces, cuando el pensamiento actúa y la emoción aparece, surge el sentimiento. Pensamiento y emoción generan un sentimiento, ya sea bueno, malo o regular. Un sentimiento ya es arraigo, ya se implantó en tu sistema, ya genera a su vez memorias sentidas, esas que son más fuertes.

> Después de muchos años, entendimos que el marketing importante es el marketing estratégico.

Pero ¿cómo?, ¿entonces si permito la emoción, no se esconde, pero sí se arraiga? No. Cuando la emoción se siente en su justa dimensión, crea sentimientos de justa proporción que fácilmente se trabajan. Lo más conveniente y productivo cuando de situaciones dolorosas se trata es entrenar tu pensamiento, recordar que es el primer paso del proceso y que sin primer paso no hay proceso.

Imagina que esto pudiera ponerse en práctica para cosas positivas, para implantar en tu vida puros sentimientos de empoderamiento y éxito. Todavía mejor, imagina que pudieras hacerlo con tus marcas y productos.

Pues sí puedes. Ahí nace la estrategia, ahí está el verdadero marketing —no el que decide qué postear en Facebook o cómo viralizarte en Twitter—, el que analiza el proceso y reúne las piezas para buscar crear el sentimiento como una cadena, eslabón por eslabón, asegurándote de dar un seguimiento oportuno hasta lograr el objetivo emocional. No es comercial, pero eso justamente hacemos en la agencia. Después de muchos años, entendimos que el marketing importante es el marketing estratégico.

¿Quién soy y cuánto me amo?

No nací en la generación del *mindfulness* y la educación positiva, al menos, cuando era niña, no me tocó que el mundo vibrara en razón del amor propio. Afortunadamente ahora, las cosas han cambiado mucho y cada vez somos más los que comenzamos a creer en el despertar de la consciencia, el poder del universo, las diosidencias y todo aquello que te lleve a elegir ante todo el AMOR.

En mi sala de lectura están casi todos los libros de Walter Riso, solo porque sí, porque en algún momento los necesité; alguien me recomendó uno y me seguí con casi todos. En la introducción de *Enamórate de ti* describe muy bien el autoenamoramiento:

La capacidad genuina de reconocer, sin vergüenza ni temor, las fortalezas y virtudes que poseemos, integrarlas al desarrollo de nuestra vida y volcarlas en los demás de manera efectiva y compasiva. Quererse a uno mismo, despreciando o ignorando a los demás, es presunción y exclusión;

querer a los demás, despreciándose a uno mismo, es carencia de amor propio.[3]

Mírate en el espejo y, con total sinceridad, observa tus fortalezas y observa también tus debilidades; eso eres, eso tienes y, por el solo hecho de ser tú, vales para ser amado, aun con esas cosas que no te gustan.

Claro, el autoenamoramiento tiene un límite. Unas páginas más adelante, en el capítulo 1, Riso nos previene: «una cosa es ser ególatra (endiosado de sí mismo), egoísta (avaro e incapaz de amar al prójimo) o egocentrista (incompetente de reconocer puntos de vista distintos), y otra muy distinta ser capaz de aceptarse a sí mismo de manera honesta y genuina sin hacer alharaca ni despliegues publicitarios».[4]

Bueno, nosotros sí haremos despliegues publicitarios, después de todo, este es en un libro sobre marketing. Pero antes de los despliegues y de los discursos para vendernos, debemos poder ver con integridad eso que somos como personas en el amor y como productos en las transacciones.

Walter Riso habla de cuatro componentes que configuran la autoestima:

1. Autoconcepto: ¿qué piensas de ti mismo?
2. Autoimagen: ¿cuánto te agradas?
3. Autorrefuerzo: ¿cuánto te premias y te das gusto?
4. Autoeficacia: ¿cuánta confianza tienes en ti mismo?

109

[3] Walter Riso, *Enamórate de ti. El valor imprescindible de la autoestima*, México, Planeta, 2018, p. 15.
[4] *Ibidem*, p. 20.

Así se compone la autoestima de una persona y creo que así se compone el valor de una marca. Los dos primeros son marketing y los otros dos tienen más relación con finanzas y operaciones:

1. Autoconcepto: ¿cuál es tu visión y propósito sobre tu negocio?
2. Autoimagen: ¿en serio te gusta lo que estás construyendo?, ¿te comprarías?
3. Autorrefuerzo: supongo que trata de reinversiones y reparto de utilidades, pero yo a ese departamento no le sé.
4. Autoeficacia: ¿te genera tranquilidad tu producto? Aquí intervienen producción y todos los involucrados; ya estamos hablando de voltear a ver tu creación.

Este es el momento de ponerte práctico e ir a tu libreta preferida para analizar quién eres como persona (para ti) y quién eres como marca o producto... (para ti). Si quieres contarme, tengo una cuenta en Instagram (en alguna parte de este libro tenía que promocionarla): Estefania_cardenash. Fin del despliegue publicitario.

Ojo: estamos hablando de una cuestión interna, un tema que todavía no trata de lo que piensen los demás, trata de lo que piensas sobre ti mismo, sobre tu marca, producto, servicio o negocio.

Es cierto, el cliente es muy importante, la conquista y la investigación de mercados también, pero tú también lo eres y en el mismo nivel que tu cliente. Es una conjunción de deseos y voluntades, donde tus deseos y tus voluntades importan y lo hacen en la misma medida.

Deberían enseñarnos a querernos mucho cuando somos pequeños, deberían preguntarnos constantemente cuánto nos queremos, así como preguntan cuánto queremos a nuestra familia, a nuestros amigos o a nuestras mascotas. Deberían de pararse día a día junto a nosotros frente al espejo para mostrarnos nuestra grandeza y nuestra divinidad.

Todos somos importantes y merecemos amor por el simple hecho de ser y estar vivos. Aquí entra la polémica sobre si los malos también merecen amor, sobre si Hitler, con su maldad, merecía ser amado, sobre si se nace malo o nos volvemos malos... La respuesta a mi parecer es sí, todos merecemos amor, incluso Hitler, incluso el maloso de tu ciudad, también ese cruel patán que te rompió el corazón, pero también TÚ. Tú mereces amor, sobre todo, mereces tu amor.

No confundamos el amor propio con el egoísmo ni lo desvirtuemos pensando que es caridad. Todo lo que te ames a ti mismo debe ser respetando el bienestar de los demás, sin quitarles a otros para darte a ti. Todo lo que ames a los demás debe ser respetando tu paz y tu estabilidad, sin vaciarte para darles a los otros.

Sintonizar con el amor propio es muy complicado, cuando menos para mí ha sido una de las tareas más complicadas en mi historia de vida. Siempre creí que sí me quería, hasta que me di cuenta de que no era así. Siempre creí ser muy buena y bondadosa, hasta que me di cuenta de que, si no era buena y bondadosa, de poco servía todo lo entregada que fuera. Me entregaba por reconocimiento, buscando que me valoraran para así reafirmarme, cuando el camino estaba del otro lado: debía conocerme primero, valorarme primero y reconocerme primero para entonces ser valorada y reconocida, incluso sin tener ya la extrema necesidad.

Algunos, alrededor de los 15 años, otros antes, comenzamos a creernos dueños del mundo, sabelotodos capaces de tener y cultivar una relación amorosa.

Siempre he sido, y sigo siendo, muy precoz. Inconsciencia e ignorancia aquella de mi adolescencia que me hacía creer que el primer amor duraría toda la vida. Recuerdo con mucho cariño a mi primer novio, pero hoy en día estoy segura de que por ahí no era, aunque en ese momento para mí no existía más. Quien dijera que estaba confundida, que era inmadura o una inexperta estaba en un completo error y era digno de sufrir mi rebeldía.

Vaya que fui y soy rebelde, testaruda y no entiendo de razones, pero a todos nos pasa. Nos gana el sentimiento y creemos que todo fluirá en armonía y santa paz por inercia, hasta que pasa un poquito de tiempo y encontramos otros amores, descubrimos otros horizontes. Suena muy cruel, pero mi intenso y eterno amor se acabó cuando entré a la universidad. Digamos que cambié de *tier*. (La palabra *tier* se refiere a los niveles, en marketing sirve para clasificar tus posibles segmentos). Cambié de nivel. Tuve a disposición más candidatos, y entonces, me di cuenta de que sí, sí existían más.

Por supuesto que sufrí, padecí el mismo sufrimiento que emulamos de las telenovelas, pero ahí quedó todo, no me morí. Me enamoré esa, otra y otra vez, y cada vez descubría cosas diferentes de mí misma.

En esos momentos no me conocía del todo. Es más, creo que sigo sin conocerme por completo, pero sí un poco más. Aunque, si me preguntas, creo que nunca terminamos de conocernos. Ahora bien, en estos momentos sé que tengo más que ofrecer y sé qué pedir. Lo aprendí de mí, y gracias a él, al otro él y a todos los demás.

Soy lo máximo en el marketing, me encanta ayudar a los demás y siento que para esto sirvo. Hoy aprendí algo de mí que no sabía y me ayudó a mejorar.

Las relaciones sirven como plataformas de autoconocimiento y de crecimiento, pero pueden mandarnos a la confusión total y a caer profundamente si no tenemos un nivel estructurado y arraigado de autoestima.

> **En el marketing como en el amor, debes reconocer los atributos de tu producto y amarlos antes que nadie. En el amor le dicen *autoestima*.**

A muchos nos pasa que tenemos una idea, desarrollamos un producto u ofrecemos un servicio y no sabemos a qué precio venderlo. A unos nos da miedo o inseguridad que la gente piense que es caro, aunque otros sobrevaloren sus creaciones y les pongan precios impagables.

Todo debe ir acorde a su justa proporción y de acuerdo al costo de oportunidad, pero ¿cómo saber el precio de algo si no conoces bien ese algo? Los atributos, características, cualidades y capacidades de los productos son, o deberían ser, los estándares que determinen su valor en el mercado.

Tal vez para ti tu producto vale porque es tu creación, porque le tienes cariño o porque te parece perfecto, bonito y funcional, pero ¿es así para los demás? ¿Lo estás proyectando? ¿Qué otras características tiene que aún no ves? ¿Tiene algún defecto o limitante?

> El truco del amor es reconocerte y amarte siempre por encima de lo que piensen de ti.

113

Si no nos conocemos, es muy probable que permitamos atropellos en cuestión de precio, valor y reciprocidad. No podemos pedir algo que no estamos seguros de merecer. ¿Cuál es la solución? Conocimiento constante y sonante, cada día crecer, cada día aprender. Eres un cúmulo de experiencias y emociones. ¿Eres consciente de quién eres y cuánto vales?

Ese es el truco en el amor: reconócete y ámate siempre, primero y por encima de lo que opinen de ti. En este capítulo aprenderemos algunas formas de hacerlo. Debemos saber valorarnos, pero debemos también hacerlo desde la seguridad, no desde el ego.

Busca en tu mismo piso

Antes de enlistar los prospectos de tu *casting* de los que ya hablamos en la investigación de mercados, asegúrate de poder ofrecer algo sustancial y conveniente a los posibles clientes. Más adelante retomaremos el tema del autovalor, pero es importante que desde ahora te ubiques muy bien en tu realidad. Con esto me refiero a que debemos poner los pies en la tierra, ni más arriba, ni más abajo.

Sucede que, de pronto, no eres consciente de todo lo que vales y todo lo que puedes aportar, así que empiezas a buscar en los lugares inadecuados. Recuerda que, así como tú haces una evaluación previa de tus clientes, ellos también hacen una evaluación de sus posibles proveedores. Lo mismo ocurre en el amor: tú tienes opciones, ellos o ellas también.

Ubícate en tiempo y espacio. Busca que tus prospectos sean de tu mismo piso y no te lleves sorpresas. No intentes conquistar clientes que esperan algo que no puedes ofrecerles, estarías faltando a la promesa de valor, eso no terminará bien. Si son tu objetivo indudable, entonces enfócate en el largo plazo y construye conscientemente tu oferta, trabaja en tu crecimiento, en tus valores y en lo que puedes ofrecer. Lo digo tanto en el marketing como en el amor.

Seguro hay diamantes en bruto que dan sorpresas muy positivas, pero es menos riesgoso situarse en la realidad. Pasa, por ejemplo, con las agencias de marketing digital. De pronto, buscamos clientes solo por buscar y por hacer crecer nuestros ingresos y, a veces, no tenemos las capacidades que ellos requieren. Pasa entonces que la labor de ventas, la conquista, termina en desilusión para nuestro cliente y en frustración para nosotros. Si buscamos especializarnos y somos realistas, seguramente podremos dar mucho mejores resultados.

En el marketing como en el amor, tú tienes opciones, el otro también, así que trabaja en tu crecimiento, en tus valores y en lo que puedes ofrecer.

Conforme pasa el tiempo, ganas crecimiento y experiencia; lo mejor que puedes hacer es invertir en ese crecimiento y en esa experiencia para volverlos exponenciales, será bueno para ti y para tus clientes. Conforme vas subiendo de piso, vas adquiriendo más cualidades que ofrecer.

Recuerda ese dicho que dice: «Cada quien tiene la pareja para la que le alcanza». No me refiero a lo económico, sino a lo que tienes para ofrecer. Si no te alcanza, no pierdas tu tiempo, cultiva primero tu patrimonio existencial por ofrecer y después busca. A veces, te alcanza para más y no te das cuenta. Si no eres consciente de tu propio valor, lo único que recibirás serán decepciones. También sucede que no te das cuenta de quién eres o no te has percatado de lo que ahora eres. Conoce tu situación, pero también tu constante evolución.

Tengo otra amiga a la que también quiero mucho. Es la madrina de mi hijo y durante muchos años hemos visto los peores y mejores escenarios una de la otra. Como compañera de historias, he recibido muchos buenos consejos de ella —que nunca aplica en su vida personal, claro—. Considero que es una mujer muy guapa, inteligente, con clase y gracia, pero parece que ella no lo sabe o no quiere darse cuenta. Siempre repite los mismos patrones y termina involucrándose con personajes que no le hacen nada bien; hombres que, al sentirse inferiores —porque ellos sí se dan cuenta de que tienen una supermujer disponible y que no les alcanza para ella—, se la pasan intentando hacerla sentir menos. Es lógico, ese tipo de hombre no tiene mucho que ofrecer y decide minimizar a su pareja para no perderla. Relaciones tóxicas, las llaman.

La responsabilidad no es de ellos, es de la mujer; aplica también para hombres que se involucran con mujeres sin autoestima, que permiten esas situaciones y no ponen un límite porque no se conocen y no saben cuánto valen. Los años siguen pasando y estoy segura de que ella algún día brillará como debe y con el potencial que tiene. La clave es muy sencilla: debe voltear a verse y ubicarse en el piso en el que está. Tú, lector, y yo también.

Ahora te cuento otra historia. Otra que también me da pesar y que me hace tener la necesidad de gritarle a la persona que debe valorarse más.

116

En mi ciudad, hay una agencia de marketing digital con la que indirectamente tengo contacto y que, a mi parecer, hace un muy buen trabajo. Innova constantemente, sabe muy bien cómo generar impacto y crear buenas campañas con bajo presupuesto. Honestamente, lo que ahí hacen es muy bueno, pero no saben cobrar. Al contrario, casi estoy segura de que salen perdiendo. Están cobrando aproximadamente un 20% menos de lo que, mínimo, deberían cobrar. Obviamente, eso no es conveniente para nadie. Para ellos supone una utilidad real y legal que están perdiendo; para el cliente, una desvalorización de su servicio y una mala impresión de que lo que la agencia hace no es algo importante. Además, para las otras agencias supone una competencia imposible de manejar. He visto cómo los clientes menosprecian el servicio de esta agencia, pues el monto que le pagan es insignificante para ellos. Ahí está el error. Cuando ni tú sabes lo que deben valer tus productos ni tus servicios, los malbaratas sin dejar espacio para que te den importancia o te tomen en cuenta. Total, no eres algo trascendental en la cartera del cliente y, por lo tanto, no eres trascendental en su mente.

117

No estoy diciendo que debas timar a la gente y cobrarles una millonada por lo que haces. Estoy diciendo que te ubiques en tu piso y que seas el primero en marcar tu valor.

A él no le gustabas tanto

Dos semanas después de la conquista me dijo que me amaba. Estábamos bailando en una fiesta, aún no teníamos intimidad y, como escena de película romántica, de las muy, muy románticas, me miró a los ojos y me dijo: «Te amo». Puedes imaginar lo que sentí, incluso sospecho que mi pierna se levantó cerrando la cuadratura del círculo de la ñoñería, un tic heredado de todas las películas con las que hemos crecido. Ahí estaba, el amor de mi vida que aún no conocía bien, pero que pintaba para ser padre de mis hijos.

Pasamos los mejores primeros meses que te puedas imaginar, entre viajes, reuniones y abrazos nocturnos, pláticas interminables desnudando nuestras almas el uno con el otro y en perfecta coincidencia de corazones; cual cóncavo y convexo, nuestro amor era así… y al hacerlo él y yo, todo era más bonito. Canciones otra vez.

Agradezco cada segundo de ese tiempo, pues me hizo volver a creer en el amor. De verdad me perdía en sus ojos y sentía cómo el mundo se detenía a contemplar lo que en ese momento teníamos. Pero a él no le gustaba tanto; al principio sí, después ya no.

Mientras estábamos solos, juntos, incluso con los otros miembros de mi tribu infantil, éramos felices, estables, disfrutábamos. El problema comenzó a ser el mundo exterior y nuestra «inviabilidad de circunstancias», como él llamó a la primera vez que terminamos.

Tiene unos años menos que yo y mucho menos experiencia en relaciones de pareja, es muy observador, cauteloso y carga sus propias heridas que lo hacen replegarse al mínimo indicio de peligro, aun así, aguantamos mucho, aguantó mucho. Nuestro amor era real, lo sigue siendo, entre mucho ruido y desavenencias, me atrevería a jurar que es el amor más real que hasta este día he sentido. Espero que él piense lo mismo.

A él le gustan las películas de terror, desvelarse viendo televisión y el silencio de sus espacios privados. Ama las fiestas y podría estar horas y horas en la misma mesa riéndose de las mismas cosas. Tiene un alma buena y noble, pero también reconoce que su amor propio raya a veces en el egoísmo, ya hablaremos más adelante de esa delgada línea. Le gusta pasar tiempo con su familia y, si se trata de dar, él es el primero en la lista. Pero yo no le gustaba tanto.

A mí no me gustan las películas de terror, dormirme temprano es casi obligatorio y me encanta compartir mi espacio con mi gente, es más, tenía pánico y pavor a estar sola. Me gusta salir con mis amigas, pero con moderación, ya las resacas me pegan muy duro y mis responsabilidades están siempre antes de todo; con esto no quiero decir que él sea irresponsable, más bien yo soy obsesiva con eso. Necesito seguridad y que constantemente me digan lo mucho que me aman sin pasar a lo intrusivo. Vivo lejos de mi familia y quisiera pasar más tiempo con ellos, y si se trata de dar, también soy yo la primera en la lista, puedo dar hasta lo que no tengo, me cuesta trabajo recibir. Él a mí sí me gustaba mucho.

Yo viví pensando y observando que no era suficiente, poco a poco me llené de miedos, y el temor de que me dejara me consumió la vida. Sí me dejó, muchas veces; sí regresó, muchas también. Era una constante incertidumbre entre lo que yo quería que me diera y lo que él podía dar. No le gustaba tanto, esa era la razón. Yo para él no era suficiente, nunca podría llenar sus expectativas. ¿O era mi inseguridad y mis expectativas las que no me dejaban tranquila? No eran circunstancias inviables, todos somos diferentes y en las diferencias es donde logramos encontrarnos.

Yo lo quería ver perdido de amor como en esos primeros meses, quería seguir sintiendo su emoción desbordante por verme, saber que yo era su prioridad y pasar el resto de nuestra vida juntos; entre más pedía, entre más presionaba, él se alejaba más también.

Sí le gustaba mucho, para él fui el sol de sus mañanas, fui yo quien lo alejó y fui yo quien terminó cumpliendo mi predicción.

119

Claro, aunque le gustes mucho, si saturas y presionas, ya no hay nada que gustar. No es que a él no le gustara tanto, es que yo me la pasaba pensando que no; inseguridad pura y dura.

Quien contrata tus servicios confía en ti, quien compra tus productos confía en ti, quien cierra un trato contigo confía en ti. ¿Confías tú en el valor de eso que otorgas?

Si no tenemos seguridad en el marketing, terminaremos ahuyentando a nuestros clientes, aun cuando ya nos hayan contratado. No podemos vivir pensando que somos insuficientes, no podemos vivir buscando aprobación excesiva del otro, debemos construir en nosotros esa seguridad y buscar la autosuficiencia primero. Conócete bien y quiérete mucho. No busques afuera lo que debe estar adentro. Los vacíos, en el marketing y en el amor, solo se pueden llenar con uno mismo, deja de cargar al otro la responsabilidad de saberte valioso.

Es cierto, no somos perfectos, pero tenemos mucho para ofrecer; nos ha costado mucho ese emprendimiento y hemos invertido tanto en nuestro producto. Tiene fallas aún, seguramente sí; puede crecer, ser mejor y evolucionar, sin duda. Para saber cómo crecer, parte de saber en dónde estás y qué crees que puede faltarte, pero sin dramatismo, con honestidad y desde tu perspectiva.

En el marketing y en el amor, los vacíos solo se pueden llenar con uno mismo.

De qué pie cojeas

No basta con pararse frente a un espejo y repetir lo bueno y bonito que eres. Debes conocer, entender y aceptar tus carencias.

Todos las tenemos, está bien tenerlas. El problema es que nos agarren en curva por no conocerlas y que se conviertan en nuestro punto débil. Si las conoces, las aceptas y son parte de ti, estarás preparado y prevenido. En un producto es igual. Hay errores que pueden corregirse, atributos que deben anunciarse y limitantes de las que debemos ser conscientes.

> **En el marketing como en el amor, debes conocer, entender y aceptar tus carencias.**

Nació como una idea con toda la esperanza del mundo. Has pasado meses —tal vez años—, puliendo, luchando, mejorando y poniendo toda tu energía y tu pasión en lo que ahora es tu «hijo empresarial». ¿Cómo no lo vas a conocer? ¿Has escuchado el término *ceguera de taller*? No solo sucede con nosotros mismos, sucede también con nuestra idea o producto, y con mucha frecuencia, con lo que tenemos.

> Mostrar humanidad genera empatía, tanto en el marketing como en el amor.

De pronto nos perdemos en el ego. Confundimos dignidad con orgullo y llevamos al límite la necesidad por ocultar nuestras carencias. Nadie es perfecto. Nosotros tampoco. Nuestro producto es perfectible y, en la medida en que logremos entender eso, juzgaremos menos, NOS juzgaremos menos y seremos mucho más tolerantes a la frustración.

La inspiración es buenísima, sobre todo, cuando va cubierta de realidad. En el proceso de autoconocimiento, identifica tus puntos débiles; conócelos, reconócelos y acéptalos. Mostrar humanidad genera empatía, tanto en el marketing como en el

121

amor. Si fueras perfecto, te volverías aburrido. ¿Qué más se podría esperar de ti? ¿Hacia dónde más podrías crecer?

¿A cómo, joven? Que nadie te trate como remate

Cualquier producto o servicio tiene un precio que podemos pagar en pesos, dólares, tiempo, esfuerzo o lágrimas. El intercambio comercial, social y humano ha existido todos los tiempos, es la acción del complemento: yo tengo eso que tú quieres o necesitas y tú tienes algo con qué pagármelo. Intercambiemos. En estos intercambios o transacciones, el parámetro fundamental por excelencia es el valor, la transferencia de valor.

Eso es a lo que podríamos llamar «una venta» y es también la tarea de cualquier vendedor: transferir valor. Eso lo aprendí de mi casi hermana chilena Karen Montalva —te recomiendo su libro #Yo vendo—. Entendiendo las ventas como una transferencia de valor, donde yo entrego algo que vale el dinero que tú me das, entonces entenderemos que lo que hay que definir antes de la transacción son los valores que quiero entregar por los valores (monetarios, casi siempre) que espero recibir. ¿Y quién determina ese valor? ¿Tú? ¿Tu cliente?

Les juro que yo soy la mujer más completa que mi ex ha tenido en su vida. Muy seguramente soy la mujer más completa que tendrá… según mis criterios. Es que sé cocinar, modestia aparte soy guapa, inteligente, cariñosa, buena mamá, independiente en lo financiero y muy apasionada, pero para él no fui suficiente. ¡Ja! «Suficiente». No voy a tirarme al piso. Más bien creo que no era lo que él consideraba valioso. Sus criterios eran diferentes de los míos y mis múltiples cualidades no eran trascendentales para su modo de vida, es como querer venderle café a alguien a quien no le gusta. Chance te lo compra para tenerlo en su alacena guardadito por si a alguien se le ofrece en algún momento, pero así como que lo valore mucho, pues no. En cambio, deja sin su droga a una persona como yo, que no puede pasar de las 8 a. m. sin consentirse con una tacita de café y un panecito repleto de carbohidratos, y seguramente te pagará mucho más que la persona de los tecitos.

Si no entiendes que tu valor depende de tus criterios y los de tu cliente, vas a insistir e insistir e insistir en que te valore alguien para quien NO eres necesidad. El cliente pensará que está pagando lo justo y a ti te llenará de carencias (económicas en el marketing, emocionales en el amor). ¿Qué feo y cruel timador? No. Estás terqueando en el mercado equivocado. O tal vez, ni siquiera tú sabes cuánto vales.

123

En el marketing como en el amor, tu valor depende de tus criterios y los de tu cliente.

Los productos que no son valorados terminan en el estand de los remates, donde los tratan como uno más del montón, no pagan por ellos lo que valen y tampoco son prioridad alguna. En el amor, jamás permitirte estar en el estand de los remates se llama autoestima.

Sin miedo al miedo

Entre reconocer nuestros errores y permitir que nos humillen, la línea puede ser muy delgadita.

«Sin miedo al miedo». Esta frase la leo mucho en el muro de Facebook de una amiga que protagonizó una historia de amor divina. La conozco de su propia voz, pues tuve la fortuna de entrevistarla en mi programa de televisión. (Paréntesis. Tengo un programa de negocios en la televisora mexicana Televisa, también un libro en proceso con todas las historias de empresarios, personalidades y líderes de opinión que he podido entrevistar. Se cierra el paréntesis). Volvamos a mi amiga. Hoy desempeña un puesto gubernamental muy importante en pro de las mujeres —y solo ella podría dirigir una labor así—. Conoció a su marido cuando era muy joven, él era amigo de su entonces novio. Desde que lo vio, supo y decidió que era el hombre de su vida. Ella es mucho de manifestar y de creer para crear, se casó con él y tuvieron tres hijos. Él estudiaba medicina mientras ella lo apoyaba; después, ella estudió ya siendo madre de tres hijos. Él se convirtió en uno de los doctores más reconocidos de la ciudad; ella seguía desarrollando su personalidad humanista y ocupando liderazgos importantes.

Yo los conocí hace unos años por una amiga en común y me llenaba de esperanza, alegría e inspiración cada que veía sus fotos y los mensajes de amor que después de tantos años se profesaban. Un sábado por la mañana, vi una foto de los dos camino a una boda, ella ponía en el texto: «De fiesta con mi eterno novio». Por la noche de ese mismo día, después de bailar, gozar y seguir amando, él sufrió un infarto fulminante.

Hace poco más de un año de su separación física. Es impresionante la resiliencia y la valentía de ella, que brilla y vibra el mismo amor honrando cada día a quien sigue siendo su marido desde el Cielo. Escogió el amor, sobre todo y ante todo, aun a pesar de los más profundos y desgarradores miedos.

Era septiembre. Pasaba por la etapa número cuatro de la decepción número 16 de mi mal de amores número tres con quien fue el segundo amor de mi vida. Ya había recurrido a mis viejos trucos para aliviar la tristeza, pero, como toda adicción, me había vuelto inmune y resistente a los placebos contra la desdicha del corazón. Fue entonces cuando, adentrándome en los pódcast de meditación, alguien recomendó un libro. A estas alturas ya debes saber que no puedo vivir sin leer, que en cualquier momento si me encuentras por la calle podrás preguntarme por el libro que llevo en mi bolsa, aplica para cualquier día y en cualquier lugar. En ese pódcast hablaban del poder del universo y aconsejaban leer la obra maestra de Gabrielle Bernstein, *El universo te cubre las espaldas*.[5] Me duró una semana y me fortaleció más que el último siglo (estoy exagerando de la emoción).

En resumen, Gabrielle explica que somos adictos al miedo, fuimos educados para temer y desprendernos de eso es por demás complicado. El miedo nos paraliza, nos genera ira, nos confunde y nos hace reaccionar de maneras impredecibles. Ansiedad, depresión y otros demonios se alimentan principalmente del miedo, y cuando decidimos pasar de él, se aferra con fuerza a nuestros pensamientos poniendo a prueba nuestra fortaleza. Requiere de mucha práctica elegir el amor, tanta como para vencer un hábito que se ha acuñado en toda una vida.

Escoger el amor funciona. Nos hace sentir mejor y abre el camino a la verdadera felicidad. Este no es un libro de autoayuda, al menos no tanto, pero sí es un libro donde se invita a escoger el amor, en el marketing también.

¿Alguna vez has comprado algo por miedo? Piensa bien y verás que lo has hecho más de una vez, más de un centenar de veces, por desgracia, casi siempre es así. El ejemplo más práctico de cómo consumimos o decidimos por el miedo está en la política.

[5] Gabrielle Bernstein, *El Universo te cubre las espaldas. Del miedo a la fe*, Barcelona, El grano de mostaza, 2016.

125

Estaba en el aeropuerto de la Ciudad de México, en un salón VIP, después de un severo enfrentamiento con mi compañero de viaje por un extremo berrinche que se me había antojado hacer. En mi defensa, iba a dar una conferencia a las Islas Canarias, lo más lejos que hasta entonces había llegado mi marketing con amor. Estaba nerviosa, emocionada e insegura también. Regresando al salón donde esperan los ricos, famosos, exitosos o quienes viajamos mucho por trabajo y estamos inscritos a algún programa de viajero frecuente para evitar las pesadas sillas negras antes de la sala de embarque, nos sentamos a matar el tiempo mientras contábamos las horas para abordar el avión. Enfrente de nosotros estaba sentado el expresidente de México, Vicente Fox Quezada.

Aquí me detengo a contarte que lo único que me gusta de la política es lo mucho que se parece al marketing. Cuando era niña, viví el triunfo del presidente Fox contra el yugo opresor del partido en el poder que había gobernado mi país por siempre, mismo partido del cual mi papá fue militante, candidato y alcalde, mismo en el que crecí y al cual adopté como filosofía social representante de los ideales que aún no tenía. Hasta que conocí el poder de la marca personal en la campaña del presidente Fox, por la tele, escuchando comentarios o de reojo en el sillón, pero la conocí y me sorprendió.

Si no eres mexicano, te pongo en contexto; la personalidad de Vicente Fox es una marca por completo y, para sintetizar, solo te digo que comenzó como repartidor de Coca-Cola y llegó a ser director de mercadotecnia de la compañía y, más tarde, presidente de la división de América Latina.[6] Sí. Me puse en modo fan y me

126

6 Redacción Radio Fórmula, «¿Vicente Fox fue repartidor de Coca-Cola? La desconocida historia del expresidente», 9 de septiembre de 2022, radioformula.com.mx/nacional/2022/9/9/vicente-fox-fue-repartidor-de-coca-cola-la-desconocida-historia-del-expresidente-731159.html.

acerqué a saludarlo. Mi *pitch* de elevador (en este caso salón VIP del aeropuerto) empezaba diciéndole que cumplimos años el mismo día —2 de julio— y que lo consideraba uno de los mejores mercadólogos de nuestro país. Le conté lo que hacía y le expliqué mi teoría de marketing político de emociones.

> En la política y en el marketing, el miedo vende más, pero el amor vende siempre.

En veinte minutos arrojé muchas palabras para desahogar mi mercadólogo corazón y le dije convencida que las emociones negativas ganan campañas políticas y que la única forma de contrarrestar esos triunfos era mediante estrategias políticas de emociones positivas, pero esto es mucho más difícil. Lo malo siempre se nota más, lo bueno casi siempre se da por hecho. El presidente se interesó en mi plática, o tal vez vio en mí a una jovencita perspicaz. Con esos veinte minutos, recibí la invitación para asistir a una mesa de trabajo a su rancho. Lo que hablamos en esa mesa lo guardo para mí y mi ego de niña que compartía mesa con los líderes más importantes de mi país. Con esto trato de compartirte, aunque es un secreto a voces, que en la política y en el marketing, el miedo vende más, pero el amor vende por siempre.

Autoestima como medicina

Una piensa que la depresión es controlable, que podemos permitirle estar un poquito con nosotros de vez en cuando y que tendremos después la fuerza para combatirla y eliminarla para siempre. No digo que no lo sea en el sentido estricto de la palabra, soy consciente de que hay miles de tratamientos, terapias funcionales y prácticas que ayudan a las personas que la sufren. El problema está en dejarla vivir en nosotros a sabiendas de la

EN EL MARKETING COMO EN EL AMOR

razón que la causa. No nos engañemos, muchas veces sabemos la razón detrás de este problema sin importar lo mucho que intentemos maquillarlo.

«Va a cambiar». «No me trata tan mal». «Es lo que yo elegí». «Antes éramos felices». Los matices, brillos y rubores sobran para esconder una cruda realidad. Tu relación no está funcionando.

En el marketing como en el amor, se atraviesan etapas difíciles en las que no sabes quién eres.

Posiblemente atraviesas por una de las etapas difíciles no solo del marketing, del amor y de los negocios, sino también de la vida misma. Es ese momento en el que te pierdes y no sabes ni quién eres. Créeme, si lo supieras, habrías dejado ya por la paz ese asunto.

La confusión te embriaga. Además, si por momentos resulta haber destellos de cosas buenas, esta sensación se acentúa todavía más. Quieres querer. Quieres que quiera. Pero el marketing y el amor necesitan mucho más que ganas, mucho más que paciencia, mucho más que aguantar día con día esperando a que las cosas mejoren. Necesitan que hagas algo por ti, por tu negocio, por tu producto, hasta por el mismo *crushtomer*.

> Los días, meses o años que pases tratando de revivir algo que está muerto son días, meses y años en que te matas a ti también.

Cuando vagamos por las dudas de lo que sentimos, en realidad estamos perdidos de nosotros mismos. La firmeza de la autoestima estriba en el autoconocimiento completo, íntegro y seguro en el que conoces también a profundidad tus sentimientos y reconoces lo que intentan decirte. Pero no es fácil, muchos hemos pasado por ahí, un poco por amor extinto, un mucho por fantasía y otro tanto más por apego.

Hasta hoy no ha habido quien logre traer del más allá a nadie. No se ha encontrado la clave para abrir el túnel que lleva al otro mundo y nadie —que existan pruebas— ha regresado de la muerte. El amor tampoco vuelve.

Es duro decirlo, pero no vuelve. Puede renacer, sí, para convertirse en otra cosa, incluso en una más grande, sin embargo, que ahora te diga esto solo te confundirá más. En estos momentos, alejarte lo más que puedas lo más rápido posible de la fantasía es la mejor de las medicinas. Hoy es momento de encontrarte, de saber dónde estás y de discernir entre si es funcional lo que tienes o si debes cambiar de camino.

Para las relaciones rotas, no hay nada mejor que la autoestima. Para los negocios rotos, no hay nada mejor que la dignidad de haberlo intentado y saber cambiar de rumbo. Es decir, autoestima también.

> Para las relaciones y negocios rotos, no hay nada mejor que la autoestima.

A muy pocos les enseñan desde pequeños el amor propio. Casi nadie le pregunta a un niño: «¿Cuánto te quieres a ti mismo?», solemos repetir las mismas preguntas siempre en torno a cuánto quiere a sus papás, a sus hermanos, a sus amiguitos y hasta a sus mascotas, pero no dimensionamos la importancia de enseñarle a preguntarse: «¿Cuánto te quieres a ti mismo?», creo que esta pregunta en los primeros años de la infancia y repetida en ocasiones importantes del crecimiento de un ser humano marcaría una diferencia abismal en la relación que tenemos con nosotros mismos y con los demás.

Un niño a temprana edad aprende a querer con y sin egoísmo. Aprende a poseer, aprende a exigir, aprende a ponderar, pero no aprende a contemplarse y a ver qué hay de bueno en su pequeño ser. Se nos olvida mostrarle a él mismo esa grandeza que para nosotros representa.

Es tarde para regresar a la infancia, tarde para hablar con nuestro yo pequeño y enseñarle que puede amarse y mimarse en cierta medida solito, reconociéndose desde las mínimas cualidades y características que va desarrollando poco a poco con el paso del tiempo. Es tarde, sí, pero no lo es para darnos unos minutos y detenernos a recordar en qué momentos pudo ser conveniente mirarnos, así, chiquititos y encontrarnos lo bonito.

Si a esto le sumamos los casos tan repetitivos de abuso de autoridad, falta de valor, padres ausentes, abandono emocional y todos esos *issues* que ahora la psicología intenta curarnos, nos damos cuenta de por qué somos adultos sin autoestima.

Duele reconocerlo. Duele tanto que lo disfrazamos de muchas cosas: de una seguridad desmedida fundamentada en el ego, de múltiples intentos por encajar en la sociedad, o la disfrazamos con vicios, trastornos y autosabotajes. Con el disfraz que le quede, el que nos permita salir a la calle sin tener que reconocer que no nos queremos como deberíamos.

La autoestima nos permite reconocer en nosotros lo que podemos hacer, lo que podemos tener, pero sobre todo, lo que podemos ser. Nos permite retirarnos de situaciones donde nos lastimamos, porque debemos ser conscientes: nadie nos lastima, nos lastimamos solitos al permanecer ahí. Nos permite rearmar las piezas que se desprenden en la batalla, pero sobre todo, nos permite avanzar con la seguridad de que lo que hacemos lo hacemos por nuestro bien.

Seguramente, dañados ya estamos y, tanto en el marketing como en el amor, será algo con lo que tengamos que trabajar. No podemos regresar a la infancia, pero podemos construir nuestros negocios y nuestras relaciones en torno a un ambiente más sano.

En el marketing como en el amor, podemos reconstruir nuestras relaciones y ser conscientes de lo que somos.

Creo que en este caso es más fácil en el marketing que en el amor. Al construir un negocio conscientes de los pasos que vamos dando y tratando de apuntalar nuestra seguridad en el conocimiento o autoconocimiento, podemos transitar con mejor fluidez por las situaciones que se nos presenten. Aquí la tarea es sencilla, constante, de todos los días y de largo plazo, pero sencilla. Construye reconociendo las partes que vas colocando; construye buscando aprender y aplicar, revisar y responder. No tienes que ser el mejor o la más bonita, tienes que saber quién eres y por qué decidiste construirte así.

En el amor es un poco más complicado. Tratándose de relaciones interpersonales que involucran ilusiones, expectativas, y sobre todo, vacíos en espera de ser llenados por alguien, las cosas se complican un poquito más. Aquí creo que el camino debe primero recorrerse solo. No es suficiente con aprender, aplicar, revisar y responder. En este tema en particular NECESITAS DETENERTE. Detenerte a analizar, a deconstruir, a consolidar y a volver a construir. Para eso necesitarás mucho, mucho tiempo a solas. Hazle un favor al próximo amor de tu vida y prolonga un poco su llegada.

131

El cliente no siempre tiene la razón, tu amor platónico tampoco

Qué idílico es creer que cada palabra que sale de su boca es religión. Qué reconfortante sería tener quien dictara lo que debe o no hacerse, lo que debe o no ser. Nos ahorrarían mucho trabajo si nos dieran la receta completa y nos indicaran lo que debemos hacer, pero no; el cliente no siempre tiene la razón. No. Hacer todo lo que tu *crush* quiera no te garantiza que te ame para siempre.

Déjame decirte que pocas veces sabemos a ciencia cierta qué es lo que en su totalidad queremos. Tu cliente podrá tener una idea y podrá ser consciente de alguna necesidad, pero no tiene la certeza absoluta de que lo que quiere es cien por cien eso. Puede tener sed y saber que le gusta tomar agua de sabor con azúcar, también que está dispuesto a pagar por ella, que la quiere a cierta temperatura y que doscientos cincuenta mililitros son suficientes para satisfacer su necesidad, pero ¿quiere agua de limones verdes o amarillos? ¿Con un nivel de acidez alto o regular? ¿Agua mineral de los montes Himalayas o filtrada con carbón natural sustentable? ¿En vaso de vidrio o en plástico incoloro? ¿Con una etiqueta colorida y un gran diseño vanguardista o algo que evoque nostalgia y lo lleve de nuevo a su infancia? Así de complejo puede ser cubrir una necesidad tan básica. Dar una, dos o muchísimas opciones no reduce los riesgos. Puede ser una gran ventaja, una gran innovación o un enorme diferenciador, pero también puede resultar perturbador y abrumador, por eso debes saber optar por uno u otro. En el marketing de servicios son solo tres los estandartes que se recomienda ondear:

1. Precio
2. Especialización
3. Innovación

Escoge: si compites por precio, será difícil que tengas los recursos para ser el primero en descubrir e implementar las más espectaculares mejoras; si lo que quieres es especializarte, tu segmento de mercado será más reducido, entonces no será tan factible la venta por volumen, y si te centras en innovar, estarás usando más recursos, cuando menos humanos. ¿Cuál es tu bandera?

Elige. Así te acercarás más a cumplir con tus clientes, mínimo sabrán que parte de lo que necesitan o esperan pueden cubrirla contigo.

CAPÍTULO 5

COMUNICACIÓN EFECTIVA Y AFECTIVA

Aléjate del yoyo

En el marketing como en el amor, tu cliente/ pareja debe ser, de corazón, lo más importante. No solo de dientes para afuera.

Las mujeres hablamos y hablamos. Los hombres también. Y aunque dicen que la necesidad de soltar palabras es mayor en el género femenino, lo cierto es que se trata de una necesidad universal, todos tenemos inevitablemente un instinto expresivo. El término *comunidad* se nutre gracias a la capacidad de comunicarnos y unirnos.

En las relaciones, en los negocios y en la vida, entre más sabes o conoces de algo, mayor impacto y capacidad de relación tendrás. No solo por la cantidad de información que obtienes, sino por la gran empatía que generas al mostrar tu sincero interés.

¿Alguna vez has estado con alguien que no deja de hablar de sí mismo? ¿Que te cuenta todos y cada uno de sus logros?

Además, sabe todo, lo conoce todo, cree ser mejor que tú y se empeña en mencionarlo. ¿Te suena?

Llevan horas platicando… o intentando platicar, pues no deja de centrarse en sus palabras y no ha permitido que emitas sonido alguno. Es molesto, ¿verdad? A menos que sea un monólogo y estés ahí con la intención de saber y aprender todo del mesías o algún famoso gurú, seguramente hace rato que quieres salir huyendo.

> Lo contrario a la empatía es el ego. En el marketing es un aliado, siempre que sea con moderación, y un gran enemigo cuando ataca de frente a la empatía.

Lo mismo sucede con las marcas que invierten todo en publicidad y muy poco en comunicación empática. Hablan y hablan de lo espectaculares que son. Saturan espacios con publicidad intrusiva y terminan convirtiéndose en ese personaje al que te da toda la flojera del mundo encontrarte.

En el marketing como en el amor, escuchar al otro le muestra que es importante.

Para lograr que te quieran, debes querer. Para querer, tienes que conocer. Para conocer, tienes que escuchar, estar presente, abrir tu mente, tu corazón y tus ideas. No se vale decir que esa pareja es todo para ti, siempre y cuando esté de buenas, se porte bien, permanezca bonita y le caiga bien a tus amigos. Eso es EGO. Tampoco se vale decir que estás dispuesto a darle al cliente lo que pida, siempre y cuando se limite a los términos y condiciones amañados en favor de la marca, sacrifique su tiempo y dinero por encontrar tus inaccesibles productos y baile al son que quieras tocarle. Si no escuchamos, nuestras marcas se vuelven irrelevantes.

Pasa mucho en redes sociales y, como marcas, no nos damos cuenta. Lo primero que queremos hacer al diseñar una estrategia de publicidad en redes es darle a conocer al futuro cliente todo sobre nosotros. Hablamos de nuestros productos, de nuestra historia de marca, de nuestros descuentos y promociones. Yo, yo, yo. Dejamos poco espacio para que el cliente se exprese. Aunque es cierto que no hay manera de que te conozcan si no les cuentas quién eres, también es cierto que incluirlos en la plática es algo que seguramente agradecerán.

Una forma de incluir a tu audiencia en tu conversación es por medio de testimoniales, es decir, compartir la opinión sincera de quien ya ha consumido tus productos o servicios. Esa es la más básica. Si quieres ir más allá, pregunta directamente cuáles son sus necesidades. Pide que te cuenten sus historias y compártelas. Agradece sin que se lo esperen a quienes ya han sido tus clientes. Detalles, detalles y detalles, querido lector. Esos que tendrías con alguien a quien quieres hacer sentir especial.

Tus planes y mis planes

Vamos directo al grano: el marketing y el amor con ética son los que generan un resultado conveniente para las dos partes. Todos ganan. Si no es así, es patología, narcisismo, codependencia, fraude, estafa, lo que quieras, pero amor y marketing no.

Si pudiera resaltar en otro color una sola página de este libro, sería esta. En 2023 años que llevamos viviendo en esta era (es decir, después de Cristo), la premisa más importante que podría hacer de esta una mejor humanidad es la de amar al prójimo como a ti mismo. Sí, me puse religiosa y radical. Sí. Pero la ley moral natural —que sirve como fundamento a la mayoría de las religiones— es una guía muy buena para vivir en armonía y bienestar. Yo amo a Dios, espero que tú también, pero supongamos que no es probable (que puede probarse) que, si no amas a Dios, el mundo conspirará en tu contra y recibirás las siete plagas del apocalipsis el mismo día. Lo que sí es probable (que puede probarse) es que, si no guardamos respeto —y ojalá, amor— por nuestros semejantes (seres vivos, pues), el caos imperará en el planeta entero. Ya lo vemos, ya lo vivimos, ya lo sentimos. No voy a ponerme a explicar la crueldad de las guerras, prefiero mostrarte con solo un par de ejemplos cómo cambian las cosas con el egoísmo y la falsedad.

> El marketing y el amor con ética son los que generan un resultado conveniente para las dos partes.

¿Te acuerdas de ese tratamiento espectacular que compraste que juró hacer magia contigo? Carísimo, por cierto. ¿Qué sentiste cuando te diste cuenta de que te habían timado?

¿Recuerdas lo mucho que te esforzaste por hacer feliz a esa persona (mentirosísima, por cierto) por la que tu corazón latía tan fuerte? ¿Qué sentiste cuando la viste haciendo lo mismo por alguien más y dejándote en el olvido?

Bueno, pues, la próxima vez que te ofrezcan amor, valóralo y ten presente que en la ecuación son dos los que deben recibir rendimientos de la inversión que están haciendo. La próxima vez que decidas vender algo, recuerda que son dos en la ecuación y los dos deben recibir ganancia.

En el marketing como
en el amor, ambas partes deben
recibir ganancia de su inversión.

No me llames más

¿Dónde está escrito el número de veces que un hombre debe preguntar: «¿Qué tienes?», después de recibir un «nada» como respuesta? Muchas, pero no demasiadas. Tal vez no te escuchó. Tal vez no estaba preparada hormonalmente para contestar en ese momento. Quizás está distraída con otro tema o no le da la gana contestar, así que definitivamente debes preguntar de nuevo. Pero si te pasas del número de veces correcto, recibirás un «nada» que ya significará molestia. Vuelve a preguntar y ese «nada» se convertirá en un «¡vete mucho al diablo y NO me llames más».

Pasa lo mismo con el marketing digital. Si tu contenido ya salió una vez y no recibiste respuesta o interacción suficiente, probablemente no te leyeron, no estaban preparados para interactuar en ese momento, estaban distraídos con otro tema, o de plano, no les daba la gana contestar. Sin lugar a dudas, debes volver a intentarlo. Pero si te pasas en el número de intentos, tu comunicación o publicidad resultará invasiva y molesta. Recibirás un «no me interesa este anuncio» que se sentirá peor que un «vete al diablo». Reducirá gravemente el alcance de tu publicidad en ese segmento.

En el marketing actual, la frecuencia es —¡por favor!— NO mayor a cuatro. Nadie que vio ya tu publicidad (imagen y mensaje) cuatro veces y no mostró reacción alguna querrá verlo una quinta vez. En el amor, no tengo ni idea. Soy mujer y francamente no sabría decir cuántas veces es suficiente un «no tengo nada» como respuesta. Creo que aún no existe un algoritmo que lo pueda medir.

Causas y consecuencias de la comunicación son los pilares de una relación larga, exitosa y duradera.

En el marketing como en el amor, insistir con un mensaje que no quieren ver es LA MUERTE.

CAPÍTULO 6

COMPROMISO

¡Qué puedo decir yo de las relaciones largas! Hasta ahora, no han sido mi fuerte. Es más, podemos decir que es una de mis más amplias áreas de oportunidad, mi tarea pendiente, mi némesis, mi kriptonita. Pero ¿de quién no? Entendamos que una relación larga no es sinónimo de una relación exitosa. Una relación exitosa puede, incluso, depender de su cercana fecha de caducidad. Una relación larga, por su parte, puede ser del todo infructífera justamente por eso, porque debió terminarse tiempo atrás.

Admiro mucho a las mujeres que han logrado conservar un matrimonio de muchos, muchos años. Las admiro tanto que prefiero mantenerme alejada de ellas. Me confunden. No tengo aún la capacidad de convivir tanto con ellas sin querer lo mismo, incluso teniendo la certeza de que no es lo que quiero.

El origen del amor en el apego

El origen del amor está en el apego. Punto. Se acabó. No sé quién tenga una teoría diferente, pero vayan a leer el libro de Jonah Lehrer, *Sobre el amor*, y después regresan a que discutamos por qué John tiene razón. Psicólogo, psicóloga o derivados que están leyendo este libro y que en este momento quieren lincharme, dije «el origen». No digo que amor y apego sean lo mismo, estoy diciendo que el amor tiene raíz en el apego.

Bueno, casi estoy escuchando los diálogos a favor y en contra de esta página. A lo mejor todavía no entendemos ni qué es apego ni qué es amor. Hagamos una cosa, déjame darte algunos fragmentos del libro que te mencioné y entonces le damos contexto.

Lehrer basa su teoría en las investigaciones de científicos, psicólogos, psiquiatras y eruditos de la investigación (cada una de las historias en metodologías y experimentos es muy interesante), pero lo más importante de esa obra, para fines prácticos de este otro libro, es la ley del hábito, que dice:

Cuando nos exponemos repetidamente a un estímulo —al margen de cuál sea—, poco a poco acabamos ignorándolo. A fuerza de experimentar la constante sensación, nos insensibilizamos. La ropa roza algunos de los nervios más sensibles del cuerpo, pero has aprendido a no prestar atención a esas sensaciones. Las implicaciones más importantes del hábito tienen que ver con el placer. Por eso el primer bocado de una tarta de chocolate sabe mejor que el segundo, y este, mejor que el tercero. Por eso ese nuevo dispositivo resulta excitante las primeras veces que se toca la pantalla, pero luego pasa a ser un artilugio más que deja en un rincón acumulado de polvo. El deleite siempre se desvanece y se convierte habitualmente en tedio e indiferencia. Nos pasamos el día persiguiendo las cosas más efímeras, esos anhelos que nunca perduran. No obstante, el hábito no echa a perder todo. Hay una segunda ley relativa a la experiencia humana que versa sobre lo perdurable. Algunos placeres perduran entre todo lo

evanescente. Nos deleitamos con cosas que jamás desapa-
reen. Conocemos personas de las que nunca nos aburrimos.
¿Y sabes lo que decimos sobre esas cosas? Que las amamos.

Tuve que transcribir una parte del libro para fundamentar que
cuando logramos que un hábito perdure, con placer y deleite,
se convierte en amor. Entonces, al habituarnos o apegarnos a
lo que nos causa placer y deleite perdurable, establecemos una
relación profunda con eso. Bueno, ahí está. El origen del amor
está en el apego. Por eso los consumidores de Coca-Cola han
tomado miles de botellas y siguen disfrutando el sabor en el primer trago de la próxima botella, por eso los matrimonios dura-
deros son los que siguen encontrando en sus parejas lo placen-
tero de la cotidianidad.

La intención del marketing es construir una relación a largo plazo que be-
neficie a las dos partes y que sea la razón
por la cual sigues motivado y despertando con pasión por las mañanas. La intención del amor también.

> Cuando logramos que un hábito perdure, con placer y deleite, se convierte en amor.

Naces, creces, te enamoras, te rompen el corazón, te
vuelves a enamorar y repites esos últimos pasos las veces que
sean necesarias hasta que encuentras tu final feliz, ese corazón
recíproco con el que quieres latir por el resto de los impulsos
musculares que le quedan al tuyo o hasta que tiras definitivamente la toalla. Así está diseñada, estipulada y demandada la
carrera de la vida. Te tienes que enamorar, tienes que construir
esa relación, debes sellar el fruto de tu amor escuchando del
otro el «Yes, I do». Eso hemos aprendido durante siglos.

¡Que me ame incondicionalmente! Seré para él la razón
de sus mañanas y el suspiro de sus noches. ¡Que me ame para

143

siempre! Estará convencido de que no hay mejor mujer que yo, aunque no me necesite, soy la que mejor le viene. ¡Que me ame incondicionalmente! Verá en mí a ese hombre protector que la acompañará en sus triunfos y fracasos. ¡Que sienta por mí lo más grande que ha sentido! Mis abrazos para ella no tendrán comparación alguna. ¡Que me ame para siempre!

Muchos empresarios, emprendedores, vendedores e individuos comunes que buscan prosperidad en sus proyectos de vida necesitan vender, ansían hacerlo, se comen las uñas buscando maneras para lograrlo y, lo peor de todo, están tan desesperados por vender que se conforman con tener a cualquiera como cliente. ¡Atención! No estoy diciendo que debamos ir por la vida poniéndonos nuestros moños y contestándole a todos un: «No, a ti no te vendo»; lo que quiero decir es que curar las ventas nos dará prosperidad a largo plazo.

Se siente muy bonito lograr atención, aprobación, aceptación... y si nos supone un ingreso de dinero, pues más bonito aún. Pero ¿calculamos los costos a largo plazo? A veces estamos tan necesitados de esa atención, aprobación y aceptación que no nos damos cuenta de que estamos comprándola a un precio demasiado alto.

> Antes de elegir a quien te elige, pregúntate si tú también lo quieres.

Antes de brincar de felicidad porque tienes un prospecto interesado en ti, detente a analizar si a ti te interesa ese prospecto. Ahorita, ya en caliente meto toda mi energía en buscar que eso suceda. Necesito, ruego e imploro que en su mente se grabe y se manifieste sin lugar a dudas el «sí quiero». Los medios no los conozco, no sé si los tengo o los tendré, pero ella tiene que sentir que soy yo lo que quiere. No sé si podré sostener mis maravillas con el paso del tiempo, pero quiero que él piense que soy lo que quiere. Pero... ¿yo?, ¿sí quiero?

Tan perdidos estamos en la búsqueda del cuento con final feliz que nos obsesionamos en convencer al otro de que quiera, sin detenernos a pensar tantito si nosotros queremos. ¿Es realmente él lo que me hace feliz? ¿Es realmente ella quien me complementa? Bonita sí está. Cualidades sí tiene e indudablemente se ve muy bien conmigo. Guapo es. Materia prima posee y no cabe ninguna duda de que aportará buenos genes a mi descendencia. Pero ¿qué más? ¿Dónde está la clave para asegurar el largo plazo? Con el *felices* incluido, con los beneficios mutuos, con el crecimiento.

La meta no es el «sí quiero» del otro, la meta primero es saber si quieres tú, luego si es bueno para ti y, ya después, plantearse el «¿sí se puede?», pero juntos, al unísono. Es decir, el verdadero objetivo es un: «SÍ QUEREMOS».

145

Despacio que llevo prisa. No es la carrera contra reloj para asegurar el anillo o la firma de ese añorado contrato, es la certeza de que, de los términos y condiciones, vendrá lo bueno para ese que será tu *team*. Tú y él. Tú y ella. Las dos voluntades, las dos intenciones, empezando por la tuya, no por la del otro.

Con ternura

Y hablando de voluntades y *teams* que valen la pena, te voy a contar una historia sobre un oso muy especial. El día que me encuentres en persona, seguramente verás que en alguno de mis accesorios casi siempre llevo un hermoso logo que para mí representa perseverancia, recompensa y gratificación, pero sobre todo, ternura: es el distintivo oso de la marca Tous.

Cuando iba a la universidad, conocí por mis compañeros el sentido de las marcas de lujo. La mayoría de ellos, estudiantes prototipo de la católica y carísima universidad donde estudié: sin preocupaciones económicas, con presupuestos altos y ávidos de competir entre ellos para ver quién tenía el auto más caro, el bolso más costoso, la ropa más en tendencia y, por supuesto, los mejores accesorios. Yo no entraba en esa competencia, ni cerca estaba: no tenía coche, no sabía de bolsos, mi ropa la hacía una costurera del pueblito donde vivían mis padres y de accesorios ni hablamos; mi presupuesto apenas alcanzaba para pagar los vales estudiantiles que ofrecían precio especial en camiones. No fue un tema que me complicara la existencia, yo iba a estudiar y a buscarme un futuro. Pero por supuesto que al ver lo que mis compañeros tenían yo también lo quería, deseaba en especial unos aretes que me parecían hermosos.

Era 2007, en México aún no había tiendas de diseñadores —y menos de los prestigiosos—. Los artículos de lujo seguían siendo exclusivos de quienes viajaban con frecuencia al extranjero y de quienes tenían cuentas VIP en los palacios departamentales de primer nivel. Pero Tous ya estaba causando ruido, y mucho. Había llegado a México en 2001, precisamente a la ciudad donde yo estudiaba: Guadalajara. Se dice que la mayoría de los productos se prueban primero en Monterrey y Guadalajara, si superan la prueba de esos dos exigentes mercados, las probabilidades de éxito en el resto del país son altas. Tal vez por eso la primera tienda del osito estuvo en mi ciudad.

Yo quería los aretes, *quería* del verbo «estaba soñando». No imaginaba siquiera lo que podrían costar, pero me encantaban. Yo pensaba que eran carísimos e incomprables, al grado de no querer ni entrar a la tienda. No sabía la historia detrás, pero siempre tuve —y sigo teniendo— alma de niña, así que el osito me parecía una forma elegante de llevar conmigo esa pequeña parte de ternura que no quiero perder nunca.

Sería trillado decirte que me esforcé, que trabajé arduamente y que ahorré cada peso que —casi nunca— me sobraba de mi presupuesto semanal para entrar a la tienda en la Gran Plaza y salir de ahí victoriosa con un oso de plata en cada oreja. No fue así. ¡Ah!, pero cuando me casé la primera vez (la única que me casé en serio, legalmente y todo), yo misma llevé a la tienda, de la mano y muy emocionada, al que fue mi esposo, esta vez al centro comercial Santa Fe de la ciudad de México. Entramos enamorados y salí de ahí con un anillo tipo churumbela de diamantes que formaban la silueta de un oso, entre otras figuritas. Todavía lo tengo y aún lo uso en ocasiones especiales; me recuerda mi historia de amor. También me recuerda una de las razones que me llevó a ser mercadóloga: ver cómo la experiencia de una marca podía hacer que jóvenes universitarios como yo anhelaran pertenecer al club de Tous.

> Las marcas funcionan cuando canalizan emociones y las vuelven memorias palpables en los mejores momentos de la vida.

147

Aquí aprovecho para contarte de dónde viene el osito. Aunque Tous en el mundo tiene ya más de cien años, fue con Salvador Tous y Rosa Oriol con quienes empezó a escribirse con amor la historia de la marca. La familia de él contaba con una tienda de relojes; la familia de ella, con una de zapatos. Salvador y Rosa se casaron y dieron origen a la joyería internacional. Supongo que fue como si dos sentidos diferentes se unieran en un mismo negocio para crear su legado: ella diseñando joyas que las mujeres amaran y pudieran comprar, él buscando crecer y expandir el nombre de la familia. Dicen que, en un viaje a

Milán, la señora Rosa vio en un aparador un oso de peluche y pensó que era el símbolo perfecto de la ternura, entonces buscó hacerlo su sello tridimensional. El osito nació en 1985; yo, en 1986. Hoy es conocido en cada lugar del mundo y sigue evocando la misma ternura que la señora Rosa experimentó en ese viaje, la misma que yo sentí cuando Hugo puso ese anillo de compromiso en mi dedo.

Así es como las marcas funcionan: canalizan emociones y las vuelven memorias palpables con sutileza, sentido y empatía en los mejores momentos de la vida.

Amarse con los ojos abiertos

Esta sección debe ser escrita con libro en mano, uno de los mejores que he leído en temas de relaciones. Lo escribió hace muchos años un par de autores que, por separado, son muy buenos y muy reconocidos. Juntos crearon una obra que debe ser leída por todos los que tengamos o queramos tener una relación de cualquier tipo… es decir, es un libro básico y de cabecera. Estoy hablando de dos autores en crecimiento personal y psicología: Jorge Bucay, principalmente conocido por *El camino de las lágrimas*, y Silvia Salinas, que escribió nada más 27 libros —yo te recomiendo *Todo (no) terminó*—. Juntos crearon *Amarse con los ojos abiertos* que tuvo su secuela en *Seguir sin ti*, pero por ahora te voy a platicar sobre el primero.

Como te decía, es un libro básico para las relaciones de pareja. En general habla sobre crecer en pareja viendo al otro. Con conflictos, muchos conflictos y más conflictos, pues argumenta que los conflictos dentro de la pareja son los que vuelven atractivo estar con el otro. ¡Ah, caray!, ¿cómo? ¿Se trata de emparejarte con alguien con quien pelees mucho? ¿Este par de autores son entonces los embajadores de los terapeutas de pareja y quieren que peleemos mucho para que después necesitemos terapia? No, no es un complot, la hipótesis del libro va más allá. Muestra cómo es verdad eso de que lo que te choca te checa y la manera en que el crecimiento personal en pareja funciona cuando logras hacer de tu compañero un espejo, uno en el que quieras verte, no uno que quieras romper.

Está denso y muy interesante. Dice que cuando te enamoras de tu pareja, lo haces porque vez en ella cosas que admiras, unas que tienes y te gustan de ti mismo, y otras muchas que no tienes y que te complementan. ¡Qué bonito el complemento!, poder tener en el otro lo que tú no tienes… hasta que deja de ser bonito. Dice que el ego entra en el juego y, si no aceptas a tu pareja como es, de pronto esas cosas que tanto te gustaban de ella se vuelven envidia —sí, envidia, así de feo como se escucha—, pero si tienes la madurez para entender eso y frenar tu ego, tu pareja también puede enseñarte mucho de ti. Te comparto un pedacito para poder entrar en el rollo del marketing desde aquí:

149

Usamos nuestros ojos para vernos y reconocernos.

Podemos mirarnos las manos, los pies y el ombligo… Sin embargo, hay partes de nosotros que nunca nos hemos visto directamente, como nuestro rostro, tan importante e identificatorio que cuesta creer que nunca lo podremos percibir con nuestros propios ojos…

Para conocer visualmente estas partes ocultas a nuestra mirada necesitamos un espejo.

Del mismo modo, en nuestra personalidad, en nuestra manera de ser en el mundo, hay aspectos ocultos a nuestra percepción.

Para verlos necesitamos, aquí también, un espejo...[1]

El libro es buenísmo, de verdad, pero quiero rescatar esto: la necesidad de ver en el otro un espejo que nos muestra cosas que nosotros no vemos.

Tu producto está muy bien, muy bonito, muy útil, práctico y maravilloso. Tú lo hiciste, tú lo amas y lo defenderás contra viento y marea. Pero tu cliente no es ni viento ni marea, no es necesario que te defiendas de lo que te quiere decir.

El ego en el emprendimiento nos lleva a pensar que, como somos quienes dirigimos el asunto, somos quienes tienen la razón. Y en caso de que dudemos tantito, pues le vamos a preguntar a un experto en emprendimiento, no a nuestros clientes. Error.

Es como cuando tienes un pleito con tu pareja y buscas consejo en tu mejor amigo que, además, nunca fue *team* tu novia. La solución a tu conflicto no te la dará tu amigo, ni tu mamá, ni ese sujeto que envidias tanto por *todas mías*. La solución la tiene tu pareja.

Un cliente también tiene la razón, al menos cuando te dice lo que no le parece, lo que quisiera recibir de ti y los motivos por los que no te están comprando. Encuestas de satisfacción, pues. Esas que debes hacer desde ahora con la convicción de buscar en tus clientes un E S P E J O que te muestre lo que tú no estás viendo y que, sin conocimiento de causa, jamás podrías mejorar.

---

[1] Jorge Bucay y Silvia Salinas, *Amarse con los ojos abiertos*, Editorial Océano, p. 44.

No es necesario que diseñes un software especializado en medir la velocidad de las reacciones en los ojos de tus clientes cuando les preguntas algo. Con que busques conversaciones empáticas y de buena comunicación podrás abrir la puerta a ese espejo que ni siquiera sabías que necesitabas.

Ese príncipe azul no era ni azul ni príncipe

Con los años y los sinsabores de las relaciones que terminaron, vamos aprendiendo a distinguir y a diseñar lo que realmente queremos. Seamos honestos, nadie nace sabiendo cómo quiere que sea su pareja de por vida, y nadie sabe a ciencia cierta que quiere algo que ni conoce todavía. Es con el paso del tiempo que descubres valores y características que son importantes e indiscutibles para ti. Por lo general, lo descubres cuando te enfrentas a lo opuesto o careces de algo que te hace sentir vacío y que antes ni sabías que existía.

Cuando eres joven, romántico e inexperto, supones que te conformarás con lo básico: la imagen, el sentido del humor y los buenos comportamientos serán bastante para enamorarte, y no solo eso, también serán suficientes para construir una relación y vivir felices para siempre. Idílicos y apasionados sueños de juventud donde las mariposas revolotean por el estómago, todo es color rosa y tu pareja ideal se encuentra casi, casi a la vuelta de la esquina.

Conforme pasa el tiempo, te vuelves más exigente, mucho, mucho más. Y ¿cómo no? Ya te diste cuenta de que no solo la buscas bonita, algo que con el paso del tiempo se le quita, buscas también que no esté tan

> Es que las relaciones no son, ni deben ser, perfectas.

loca. Debo aquí aclarar que las mujeres no estamos locas, solo que de pronto somos controladas por una fuerza invisible, macabra y casi invencible, científicamente conocida como *cambius hormonalus*, lo que hace que parezca —solo parezca— que necesitamos una consulta psiquiátrica con verdadera urgencia.

Ya sabes que no es suficiente que sea guapo ni muy guapo, debe ser también trabajador y visionario. Mientras sigue pasando el tiempo, pedimos que cierre la pasta de dientes; baje la tapa del baño; se lave las manos; no les grite a los niños; no salga tanto con sus amigos; ahorre dinero, pero sin escatimar en gastos cuando se trate de sorprenderte; no hable tanto con tu suegra, pero que nunca olvide la importancia de su familia y sus raíces; y que no te mienta para nada (decir que arregló la ropa y no haberlo hecho también es mentir). Además, quieres que te dé tu lugar, pero que te deje ser libre; que no te presione, pero siempre te ponga atención; que sea amigo de tus amigos, simpatice con tus padres ♫.[2]

Y seguimos preguntando: «¿Por qué las relaciones no duran?».

Es que las relaciones no son, ni deben ser, perfectas. La vida se vive por etapas, las relaciones también. En cada etapa las parejas se vuelven disparejas y hay que volver a empezar, pero no necesariamente desde el principio, más bien, desde el último final.

Para caminar y avanzar juntos, así como para superar y trascender etapas, la comunicación y la confianza deben estar presentes. Siempre presentes, las dos presentes. De otra manera, es imposible avanzar. Si ocultas algo, adiós confianza; si callas

---

[2] Estrofa de conocida canción del grupo Tranzas titulada «Debes buscarte un nuevo amor».

lo que debes decir, adiós comunicación; si omites información, adiós las dos.

El amor es capaz de perdonar, pero no siempre. No lo mismo, no una y otra vez. Eso entonces ya no sería amor, se llamaría codependencia u otra cosa similar. El amor es fomento, es conocimiento, nos enseña y nos encamina. El amor sí perdona, pero si no aprende... no debes perdonar otra vez. Si te perdonan y no aprendes, no deben perdonarte otra vez, por su bien y por el tuyo, por su crecimiento y por el tuyo. Esa es la verdadera razón de ser de las relaciones: construir juntos, avanzar juntos, continuar juntos, pero eso no se puede hacer si entre los dos no existe la lealtad. Tampoco sin la culminación o el triunfo de esas dos herramientas anteriores, ahora virtudes: la comunicación y la confianza.

Si en las relaciones es cada vez más difícil perdonar, en los negocios es peor. Si en las relaciones, la confianza y la comunicación son fundamentales, en los negocios más aún.

153

En el marketing como en el amor es difícil perdonar.

Sales de vacaciones, pero no sabías del nuevo grandioso hotel y de su increíble promoción de temporada, te enteras por casualidad y le das una oportunidad. Es hermoso, un lugar de ensueño, lo que siempre quisiste sin saber que existía. ¡Y pensar que en tus años de juventud te conformabas con poder pagar cualquier sitio de mala muerte que tan solo tuviera cerveza fría en el minibar! En cambio, ahora miras con emoción esos jardines bien cuidados que antes pasabas de largo. El pasar de los años y las experiencias anteriores te han enseñado el indiscutible valor de las buenas almohadas y de las toallas limpias y esponjosas.

No puedes con la ilusión, aunque lleves cuarenta minutos esperando en la recepción, seguro lo demás estará bien, aunque el maletero haya azotado el equipaje, seguro lo demás estará bien. Te embriaga la fantasía, aunque te reciban con mala cara, seguro lo demás estará bien.

Al día siguiente, con grandes ojeras por no haber dormido debido al ruido, con el cabello imposible porque la llave de la regadera no servía, con un creciente mal humor por haber tenido que esperar al teléfono ansiando que alguien de recepción te contestara, aunque en el fondo supieras que nadie lo haría... te das cuenta de que nada está ni estará bien.

¿Le das otra oportunidad? Tal vez. ¿Cuántas más? No era ni príncipe ni azul. Atención, turista: ese hotel no es para ti, solo te hará sufrir. Atención, hotelero: lo estás perdiendo, no se siente bien contigo. Atención, competencia: alguien está a punto de estar disponible en el mercado, vulnerable, susceptible y con ganas de que le des lo que otros no le dieron.

O corrigen, consolidan y buscan recomponer su relación y su experiencia, o deben pasar al capítulo del divorcio.

Confianza

Comunicación y confianza. No es más importante una que otra ni discutiremos aquí qué fue primero. Una sin la otra no vive. Es más, sin ellas, no se crece, no se prospera y no hay frutos. Sin ellas el amor no existe, el marketing tampoco.

En el marketing como en el amor, la confianza es un tesoro difícil de encontrar.

«No lo vuelvo a hacer». «Ahora sí ya entendí». «Te juro que nunca volverá a suceder». La confianza es un tesoro que cuesta mucho encontrar, cuesta más mantener y es casi imposible de recuperar.

El perdón existe... o existía. Cada vez es más difícil que alguien aguante malos tratos, mentiras, engaños y hasta faltas de atención, tanto en el marketing como en el amor.

En el enamoramiento cometemos el grave error de querer aparentar, de esconder a como dé lugar nuestros defectos, de tratar de mostrar solo la parte dulce y bonita de nosotros y a poner nuestra mejor sonrisa sin importar nada. Con esto no estoy diciendo que en la segunda cita declames, a modo de monólogo, todos tus defectos y hagas firmar un convenio irrevocable a tu aún no pareja en el que reconozca y acepte que se encuentra bajo pleno conocimiento de causa y que, además, te exonera de cualquier posterior responsabilidad derivada de tus defectos. Eso no sucederá. Lo que digo es que, por ningún motivo, y por tu propio bien, trates de escribir en tu cabeza un cuento con un príncipe o princesa que existe solamente en tu imaginación. Nunca aparentes lo que no eres, nunca mientas por impresionar, nunca empieces una relación, ni amorosa ni comercial, basada en falsedades. Lo que mal empieza, mal acaba; este es un riesgo que sí puedes prevenir.

Soy ferviente seguidora de los productos de Apple, y para colmo soy de esas personas que se mantienen leales a la marca sí o sí. Así que en mi vida diaria solía portar más de una manzanita

155

conmigo. En realidad, todavía me emociono con las presentaciones del nuevo celular de la marca y defiendo a capa y espada la eficiencia del sistema operativo. Si no fuera un poco extraño, hasta tendría un altar al entrar a mi casa dedicado a san Steve Jobs. Al menos así era hasta hace unos meses, o incluso años. No recuerdo con exactitud cuándo empecé a cansarme de lo que me ofrecían, pero lo hice. Con el paso del tiempo, noté que no estaba igual de conforme y enamorada con los productos de Apple. Lo que antes me hacía sonreír y sentirme muy especial día a día empezaba a darme dolores de cabeza y a provocarme corajes.

Sí, me acostumbré a que me trataran bien. Me acostumbré a no tener fallas, ni errores, ni faltas de calidad. Me acostumbré a ser la princesa del cuento en el que mi iPhone era el rey. Me sentía protegida e indestructible, pues a mi súper Mac no podía vencerla ningún virus. ¡Qué más podía pedir con esos buenos servicios! Me encontraba en plena confianza, algo que Apple hacía muy bien.

Jesse Dienstag aplicó en 2016 un estudio para Golin y encontró como constante que lo que los consumidores quieren de una marca es CONFIANZA. Obviamente también relevancia, que lo que les dice sea verdad, que se preocupe por ellos, los acompañe y satisfaga sus necesidades. Vaya... en la salud y en la enfermedad y por todos los días de la vida útil del producto.

Para generar confianza, debes primero asegurar congruencia entre lo que dices y lo que haces; entre lo que eres y lo que proyectas.

En el marketing como en el amor, te buscan por el empaque, sin embargo, se quedan por el contenido. Los dos son importantes.

Compromiso, intención y voluntad

Da la sensación de que el tema complicado de las relaciones es encontrar tu otra mitad. Nos han instruido durante muchas generaciones para la búsqueda, la travesía, la cacería. Después de eso, lo demás que sea como Dios quiera. Si ya encontré al supuesto amor de mi vida, lo que resta de vida estará conmigo. ¡Total! El ingrediente principal ya lo tengo: el amor, lo de menos es la vida.

Creemos que lo que vivimos día a día, la construcción del futuro y los vaivenes de las circunstancias se dan de manera natural, solo hay que dejarlo fluir. En conclusión, mientras haya amor nada nos falta. Pues resulta que no es así, da la casualidad de que precisamente el amor se alimenta de todo lo que falta. ¿Y si no lo alimentamos? No tendremos ni amor, ni lo que le falta, ni nada.

157

La vida en pareja es el vehículo al crecimiento, al autodescubrimiento, a la prosperidad personal. Cuando menos eso es lo que Silvia Salinas y Jorge Bucay repiten en sus libros. La relación comercial es el vehículo al crecimiento, a la innovación, a la prosperidad del negocio. No hace falta citar a nadie para comprenderlo. Mantener una relación, comercial o de pareja, exige mucho. De entrada, compromiso. Después, intención y voluntad.

Conocí a un joven guapo, de enormes ojos y grandes planes, inteligente y culto, prometedor sin duda, con toda la intención y la voluntad necesarias, pero sin compromiso. Casi nada, casi nulo. Sobra decir cómo terminó esa historia. Para amanecer todos los días reviviendo la intención y la voluntad de que algo funcione, hace falta compromiso. Siempre.

Si esperas despertar todos los días sintiendo las mariposas en el estómago que sentiste la primera vez que hicieron el amor, seguramente no sucederá así. Habrá días (muchos), en los que ya ni quieras, en los que despiertes sin ganas, sin intención de dar lo mejor de ti, sin voluntad de seguir planeando y construyendo. Es justo ahí donde el compromiso llega al rescate.

No se trata de despertar todos los días con alguien solo por compromiso, ni de dormir con ese alguien solo cuando te sientas con ganas. Se trata de combinar los ingredientes, ayudar con uno cuando falte el otro, balancearlos y equilibrarlos día con día. Cuando no exista la voluntad, pues saquemos intención, lo único que es imprescindible es el compromiso.

El compromiso va más allá de querer o no, de tener ganas o no, es la intrínseca responsabilidad emocional que tienes con esa persona con la que decidiste emprender un camino. Es la contención necesaria para no propasar los límites de la autosatisfacción a costa del dolor ajeno, es avalar con presencia lo que en esencia surgió por idea y necesidad de dos.

158

Bueno, o de tres, cuatro o más cuando se trata de un negocio. Independientemente de eso, ahí también entran los tres ingredientes: intención, voluntad y compromiso. Intención para seguir avanzando en tu meta, tu plan de vida, tu carrera o tu negocio. Voluntad para vencer los miedos y tomar los riesgos que, junto a tu *crushtomer*, te lleven a construir una mejor relación comercial. Y sobre todo compromiso para salir avante todos esos días en los que sientas que ya no puedes más.

¿Para qué estás con él? ¿Para qué estás con ella? ¿Para qué mandas la cotización, refrescas la marca o buscas nuevos productos que ofrecer? Eso es la intención, lo que responde a todos tus *para qué*. La respuesta la conoces tú, seguramente es fácil y natural intuirla, es eso que te interesa y que te motiva, que te reconforta y con lo que recibes satisfacción.

¿Cómo voy a conseguir nuevos clientes? ¿Cómo voy a hacer crecer mi negocio? ¿Cómo voy a sorprender a mi novia? ¿Cómo voy a consentir a mi marido? Todos esos *cómo* son tus voluntades, eso que te interesa y que te motiva, de lo que sí tienes ganas, lo que anhelas y te emociona.

¿Por qué sigo aquí? ¿Por qué decidí casarme con ella? ¿Por qué puse el restaurante? ¿Por qué estudié esta carrera? Ahí están las respuestas más importantes. Algo te llevó a querer y a hacer, a construir y a animarte; ese algo por lo que hoy estás aquí, con quien estás haciendo lo que haces, eso es lo que siempre debes recordar, lo que debe alimentar el compromiso. Es cierto, las viabilidades afectan, y a veces sientes que nada tiene sentido. Es ahí cuando usarás la memoria para recordar tus *por qué* y, entonces, alimentarás tus *cómo* y crearás nuevos *para qué*. O lo que es lo mismo, prenderás la magia de la RE-INSPIRACIÓN.

159

Customer experience

Las relaciones no se miden en puntos, al menos, las amorosas no. Cuando menos hasta ahora no. Pero ¿cómo sería?, ¿qué puntaje tendría la tuya?, ¿estarías arriba o abajo de tu puntaje inicial?

- Sonrisa: 2 puntos
- Cena romántica: 5 puntos
- Momentos de ensueño fuera de serie: 20 puntos
- Historias para contarles a tus hijos: 30 puntos
- Historias para contarles a tus nietos: 40 puntos
- Gritos: 2 puntos

- Portazos y malas caras: 5 puntos
- Compararlo/a con tu mamá/papá: 20 puntos
- Infidelidades: 1 000 000 puntos

Podríamos seguir la lista y ponderar cada acción, pero sería frustrante. La verdad es que las relaciones amorosas no se miden en puntos, pero sin duda tenemos un marcador interno, ya sea inconsciente o conscientemente, que nos hace querer más a nuestra pareja o quererla menos.

Lo mismo pasa con los clientes. Antes de existir los programas de lealtad, existen las puntuaciones que de manera inconsciente nos van dando.

CAPÍTULO 7

MENTIRAS... E INFIDELIDAD

Ojalá el sexto de los diez mandamientos se cumpliera a cabalidad. Ojalá nadie sobre la faz de la tierra se atreviera a mentir. Menos esa persona a quien amas tanto. Menos esos por los que trabajas tanto. Mucho menos tú.

Pero dejemos de mentirnos. ¡Eso no sucede! Por una u otra razón, a veces encontrarás mentiras, verdades a medias, omisiones, miedos, en fin... formas de esconder lo que en realidad sucede. ¿Y qué hacer al respecto? ¿Cómo afrontarlo? ¿Mintiendo también? ¿Está justificado en el marketing no aclarar de inicio lo que un producto o servicio, en su totalidad, hará, dará o costará?

¿Puedes mentir en tu relación? ¿Aceptarás la mentira?

¡Un momento! Comencemos con el supuesto de que vivimos en constante evolución. No podemos dar por hecho que nunca mentiremos con respecto a nuestro producto o servicio. Probablemente no somos más eso que decíamos ser y que en algún momento fuimos. Es aquí donde aplican los *términos y condiciones*; esa famosa frase que, muchos creen, los exime de las obligaciones, les concede la libertad de mentir o los deja con la carta abierta para cambiar lo que en un inicio prometieron. No es así.

> Eres responsable de lo que eres consciente.

¿Entonces puedo o no puedo? ¿Miento o no miento? ¿Perdono o no perdono? La línea es delgadita. Jorge Herbert estaba sentado en mi comedor, escuchando mis amargas quejas sobre mi último fracaso amoroso, cuando me dijo: «Eres responsable de lo que eres consciente», y así es. Si dijiste que podrías con la esperanza puesta en poder hacerlo, entonces no mentiste. Si dijiste que podrías con plena consciencia de no tener los elementos ni idea siquiera de cómo conseguirlos para lograr cumplir, entonces sí mentiste. Si en el camino el clima cambió y no tenías idea de lo que pasaría, tu responsabilidad es buscar la forma de salir bien librado. Si sabías que el clima no sería favorable y decidiste ocultarlo...

162

entonces tu responsabilidad
es asumir las consecuencias.

Todos mentimos. No es bueno ni malo, es ser humano. Lo realmente malo es no hacernos responsables por ello, no aprender de nuestros errores y seguir queriendo engañar.

Mentir por miedo es engañar. Mentir por sacar ventaja es engañar. Mentir por maldad es engañar. Mentir por desconocimiento es legal.

Él me mintió. Él me dijo que me amaba y no era verdad. Él me mintió... Como canción se disfruta mucho. Si no existiera el mal de amores, ¿de qué vivirían los mariachis? Pero no siempre es textual. No siempre quien te ama no te miente, ni siempre quien te miente lo hace porque no te ama. Tal vez te amó, quizá lo sigue haciendo, a lo mejor no supo cómo afrontar la situación o no cuenta con la capacidad emocional de sobrellevar ciertas cosas. A final de cuentas, ¿quién eres tú para juzgar? Puedes saber qué quieres y hasta dónde puedes y debes permitir, pero juzgar y señalar ya no te toca.

Del otro lado aplica igual. Tal vez mentiste por miedo a perder a la persona que amas, por no saber cómo afrontar la situación, o incluso por no querer hacerle daño. Juzgarte y azotarte no aplica. Aplica componer, saber qué quieres y hasta dónde te puedes permitir, aceptar las consecuencias, tratar de arreglar las circunstancias y saber retirarte cuando ya no queda de otra.

En los negocios, las mentiras abundan, la ética no. Es la razón por la que el marketing se encuentra tan desvalorado. Los clientes ya no creen en los descuentos, en las promociones ni en los tratos preferenciales. Han sido tantos los casos de marketing sucio que por unos, pagan todos. Los mitos en torno a las estrategias mal intencionadas de las compañías permean incluso a las recientes y nobles empresas, y los descuentos ya le dan miedo hasta al que los está haciendo. Hemos escuchado tantas veces de ofertas que no se cumplen que cuando vemos un signo de porcentaje ya no sabemos si debemos aprovecharlo o mantener despierto el sentido de alerta.

Entre más sano sea nuestro marketing, más sana será nuestra relación con los clientes. Y entre más relaciones sanas estemos creando tanto en el marketing como en el amor, la percepción colectiva en algún momento cambiará, y entonces llegará el *felices honestamente*.

163

Yo miento, tú mientes, todos mentimos

Tengo un ligero trauma con las mentiras. Cuando era niña, me iba como en feria si me cachaban una mentira. Me traumaron. Con el paso de los años, cuando me tocaba estar del otro lado y descubrir que me estaban mintiendo, me ponía muy mal. Y como no me gusta hacer lo que no quiero que me hagan, buscaba mantenerme en total honestidad.

Al comenzar una relación, la regla número uno que dejaba muy clara era esa: NO ME MIENTAS. Dime lo que tengas que decirme, por mucho que duela o por muy horroroso que parezca. Yo te diré todo, absolutamente todo, y nunca, nunca te mentiré.

Lo mismo me pasaba con el marketing. Muchas veces escuché ese horrible comentario de que el marketing es una herramienta para engañar a la gente y hacerla comprar más. Seguro te has encontrado casos de descuentos ficticios, que realmente se tratan de una subida en los precios a los que después ponen un porcentaje de descuento para hacer creer a los clientes que están comprando en oferta. Esta es la mentira más común en el marketing.

Por supuesto, hay de mentiras a mentiras. Están las drásticas y letales que nos llevan a sentirnos defraudados y están las que no pueden evitarse. No se puede. Sin ir más lejos, decir que no mentimos es una mentira también.

El marketing no miente, el amor tampoco; mentimos los que formamos parte de esa relación: miente el vendedor que asegura estar convencido de la efectividad de un producto que ni él mismo compraría; miente el hombre que asegura ser una buena persona, pero no es así; miente él y, seguramente, nosotros también mentimos —más por inseguridad que por malicia, cuando de mentiras veniales se trata.

¿Cómo puedes decirte *especial* si no estás seguro de serlo? ¿Cómo puedes convencer de que tu producto es bueno si no estás seguro de ello? Este tipo de mentiras corresponden al departamento del «síndrome del impostor», en el que, como ya lo mencionaba, es la inseguridad la que habla. Entonces, la medicina para este caso de mentiras es la seguridad, el autoconocimiento, el autocontrol.

Debo probar y comprobar la efectividad de mi producto para sentir lo satisfactorio que es. Debo probar y comprobar la efectividad de mi amor (amándome), para sentir lo satisfactorio que es. Primero, lo primero. Después, con gran seguridad y más veracidad, podré compartir con mi *crushtomer* lo que no es mentira.

> El antídoto contra el síndrome del impostor es la seguridad y el autoconocimiento, así no le mentirás a tu consumidor.

165

De la infidelidad y otros demonios

No lo creía. Ni la primera vez que descubrí que mi flamante esposo tenía una relación extramarital con una mujer mucho mayor que yo que ni siquiera era agraciada ni tenía cualidades perceptibles a simple vista, al menos no para mi dolido y lastimado corazón. Ni la siguiente vez, cuando me enteré de que el papá de mis hijos le endulzaba el oído a su empleada de ventas mientras yo estaba en los últimos meses de gestación de mi segundo hijo. Ni la más reciente, cuando supe que mi adorado novio, de «intachables» principios, estaba buscando a qué secretaria invitar a cenar a su casa.

No lo creía. No lo asimilaba y no lo aceptaba. ¿Cuál fue peor? Las tres. ¿Cuál dolió más? En este momento la tercera porque es la que mejor recuerdo, pero las tres dolieron. ¿Cuál fue la infidelidad real? Para mí, las tres. Las características de una infidelidad las pone el corazón, las pone propiamente la composición de nuestra relación.

En el primer caso, me dolía el ego. ¿Cómo era posible que siendo yo una jovencita con tantas cualidades, tan enamorada y con una historia de tanta pasión, hubiera sido reemplazada por una mujer así? ¿Qué le veía?

En el segundo caso, me dolía el ego de nuevo. ¿Cómo era posible que la señora guapa que ostentaba la corona y el apellido, que había criado a los hijos y que tan buen *match* hacía visualmente en las fotos familiares, tuviera que preocuparse por una cosa tan insignificante como la señorita esa?

Sí, has adivinado. En la última ocasión, es el ego lo que dolió también. ¿Con una secretaria? ¿De veras?

En estas tres historias, que no son las únicas que tengo, el problema era yo. No era casualidad que en las tres ocasiones la historia se repitiera conmigo de protagonista. Era yo quien no ponía límites, quien no afinaba los detalles del respeto a su propia dignidad y quien había escogido mal, no al hombre, sino el proceso.

Cuestión de valores y de valientes. De valores, por no saber valorarme y buscar hacerme valer. De valientes, por jugar a ser la cobarde cuando vi frente a mí a uno y no entender esa carencia.

Se irá con una o con otra, te dejará por uno o por otro. Producto o marca, secretaria o mejor amiga. Se irá porque no supiste cómo hacer que se quedara o porque no encontró motivos para quedarse. Si lo piensas, Es lo mejor que podría pasarte: que se vaya, pues podría quedarse hasta desintegrar por completo tu existencia. Vale, hablemos, pues, de infidelidad.

No tiene nada que ver contigo

Quiero empezar con un punto muy importante, tan importante que merece todo un tema: la infidelidad no tiene nada que ver contigo, ni en el marketing ni en el amor. A mí me costó muchas lágrimas entenderlo.

Se siente horrible darte cuenta de que te ven la cara, es muy frustrante no tener las pruebas contundentes que demuestren el momento exacto del acto. Los parámetros de qué y hasta dónde es infidelidad y qué y hasta dónde estás exagerando terminan convirtiéndose en un trauma que se llama ahora *gaslighting*. La infidelidad se siente y no es un invento de tu imaginación, tienes todo el derecho a expresar lo que sientes, a investigar lo que dudas y a exigir lo que mereces. Que nadie te haga creer lo contrario. La relación es tuya, tan tuya como del otro y la infidelidad NUNCA tiene nada que ver contigo.

> La infidelidad no tiene nada que ver contigo.

167

Eso que dicen de que es tu culpa por descuidar a tu pareja, por no ser mejor en la cama, por no comprender al otro, es de cobardes. Nadie tiene derecho a traicionar a quien le otorga su confianza. Hasta en la mafia italiana lo dicen, quien es capaz de engañar a su pareja no es digno de ningún tipo de confianza.

De cobardes, pues. De cobardes porque cualquiera de esos pretextos, o los muchos otros no mencionados, son frutos de una responsabilidad no asumida. Obligación del infiel, antes de serlo, es buscar soluciones hasta el límite de sus verdaderas posibilidades, no de las que solo te quiere hacer creer. Obligación del infiel, antes de serlo, es terminar sanamente las cosas con la información total y real de sus mañas y malas intenciones, no haciéndote creer que la culpa es tuya. Obligación del infiel, antes de serlo, es no esconderse tras su cobardía y querer hacer creer que es cuestión de dos. La infidelidad nada tiene que ver contigo. SIEMPRE es unilateral en una pareja (problema único y exclusivo de quien es infiel), siempre es falta de compromiso, de principios, de voluntad y, sobre todo, de integridad.

Habiendo quedado claro esto, si alguna vez te fueron infiel, hoy grábate en la mente que nada tuvo que ver contigo; si alguna vez fuiste infiel, reconoce tu total responsabilidad y ve al fondo de tus acciones para corregir tus reacciones. Infiel es aquel que no tiene el valor de reconocer sus pensamientos, emociones y actos y que busca esconder sus carencias en otro lugar haciendo creer a su pareja que otra persona lo provocó. Qué temible es quien no puede mirarse ni al espejo sin tratar de esconder lo que está pensando.

Benchmarking o flagelo

Cuando decidí que en este capítulo te contaría lo importante y valioso que es compararnos, no sabía muy bien qué ejemplo de amor compartir: si la vez que me dejaron por una señora un chorro de años mayor que yo y que ni era bonita, las veces que *stalkeaba* a las nuevas novias de un personaje intermedio para compararme con ellas a modo de tortura o la vez que investigué a la ex de mi entonces actual, a ver qué podía hacer mejor para que a mí me amara más. No sabía qué ejemplo usar y no había escrito nada porque Dios escogió para mi educación en amores el método Montessori, es decir, el Ser Supremo que me creó considera que tengo que experimentar absolutamente todo para aprender. Señor Dios, si estás leyendo este libro, esa forma de educarme no está padre.

Y bueno, ya que me quejé con Dios, te cuento que en el nivel 11 488 del método Montessori de mi vida, apareció el cuento de «A mí también me dejaron por una chavita, como a Shakira». Y también en esa situación me di cuenta de que yo valgo por dos de 22. (Chavita que, cuando lees esto, piensas que estoy hablando de ti: no eres tú, ¿eh?... pero gracias por las minifaldas que usabas en las clases de tu profesor).

Aclaración: Verónica me dijo que, si dejo esto así, ustedes van a creer que juzgo a las mujeres que usan minifalda. No. La referencia es porque, una vez, en una comida «familiar», alguien le comentó en broma a mi entonces pareja algo sobre su alumna que siempre iba a verlo en minifalda, y esa fue la primera pista que recibí de con quién me ponía el cuerno en ese momento, según lo que mi mente loca se imaginaba. Pero no, así no fueron las cosas. Ya me juró que su relación empezó 2.5 minutos después de que me terminó por millonésima vez.

Ok, todavía estoy dolida. Acaba de pasar hace poquito para mi corazón. Pero te tengo una excelente noticia: no veo el Instagram de mi supuesto reemplazo, no sé nada de su vida más que lo que me contó el amigo en común que teníamos en Facebook y que ella ya eliminó —asunto que, por cierto, me contó en un momento de mucha tristeza para mí y que me subió la autoestima—. No sé nada, ni dónde vive, ni cómo es (físicamente sí porque, para atar cabos, vi su foto), no sé qué le gusta, qué tiene de diferente de mí ni qué hizo que mi *toxicomer* la prefiriera a ella, después de que, en «mi versión», ya llevaba meses pintándome el cuerno con ella y era como la cuarta persona con la que lo hacía.

Pude haberme destrozado buscando evidencia de cuántas más arrugas tengo que ella. Pude comparar cada célula de mi piel con la de mi «competencia» y tirarme al suelo. Pude haber agendado, pagado y ejecutado unas diez mil cirugías para ponerme al «nivel» de la nueva, convirtiéndome sintéticamente en otra persona, ¡es más!, hasta pude destrozar mi puro y natural cabello negro suponiendo que él tiene un patrón de gustos que excluye a las de cabello negro. Pero no, pero nada.

Sí. Sí tienes que observar a tu competencia. Sí tienes que buscar cómo mejorar. Sí es una fuente de crecimiento personal y de marca. Sí. Pero es *benchmarking*, no flagelo. Y debes saber distinguir cuando te dejaron por algo mejor o cuando simplemente no eras *target* de tu cliente. En el marketing como en el amor.

> **En el marketing como en el amor, debes observar a tu competencia y buscar cómo mejorar.**

170

Ya está, *ciao* (dijera Shakira en su «Session 53»).

Te engañó, sí, tú dejaste que lo hiciera

Es cierto, hay maestros del engaño capaces de hacernos permanecer por años creyendo en su bondad, fidelidad y transparencia mientras acumulan su lista de pecados, mentiras, engaños y embusterías, pero son los menos; por lo general se les nota, lo que ocurre es que tú decides ignorarlo.

Si estás leyendo esto en medio de una crisis emocional, por un corazón roto a causa de un maldito traidor, o en una crisis financiera, por una cartera rota a causa de un maldito traidor, quizá sea mejor que pares ahora mismo. No te va a gustar mucho lo que voy a decirte. Después, cuando el enojo y la rabia pasen, regresa; les encontrarás sentido a estas palabras.

Pues ya que estoy en el suelo ahogándome en mi dolor, ya que perdí lo que tenía y me siento en frustración total... ¿qué sigue? No encuentro la salida ni entiendo cómo llegué hasta aquí. ¿Cómo pude creer en tanta falsedad sin darme cuenta a tiempo de lo que me deparaba el futuro? Es que hablaba tan bonito, me hacía sentir tan bien, teníamos tantos planes...

¿Hablaba bonito o era lo que tú querías escuchar? ¿Te hacía sentir bien, bien, o querías creer que no estaba tan mal? ¿«Tenían» tantos planes juntos «los dos»? ¿O los tenías *tú* creyendo que haría planes contigo?

Mintió, sí. Miente, sí. ¿Qué vas a hacer con eso?

En las relaciones comerciales como en las amorosas, sucede que tienes la necesidad de pelear por tus intereses, y a veces no lo haces de la manera más legítima. Mentiras existen de diferentes tipos y formas, el punto es saber distinguirlas y dejar de matizarlas.

Cuando sales a vender ese producto en el que no crees al cien por ciento, pero lo describes como la octava maravilla, estás mintiendo. Cuando prometes cumplir algo que ni siquiera sabes si estará en tus manos, estás mintiendo. Cuando ocultas la verdad detrás de costos implícitos que después se dejarán ver, estás mintiendo. Cuando manipulas las emociones de alguien para que haga lo que tú quieres y ahorrarte las consecuencias, estás mintiendo.

Por querer quedar bien, por desconocimiento o por desear cumplirle a alguien, mentir siempre resulta en algo no tan positivo. Por querer engañar, crecer a costa de restarle a los demás o esconder tu fría y oscura personalidad, mentir resulta siempre en algo muy negativo.

Volviendo a la cruda realidad, todos mentimos. Por muy buenos y nobles que nos sintamos o que queramos ser, mentir es una reacción instintiva que deriva de muchos, muchos años de convivencia social donde siempre el más fuerte y el más astuto se lleva la mejor parte. Y aunque parece horrendo y repulsivo, todos mentimos.

Este preámbulo es solo parte de la autoconciencia, la aceptación propia y la búsqueda por ser mejores. No quiere decir que mentir a diestra y siniestra esté justificado por la competencia social ni tampoco que debamos perdonar sin resentimientos a aquellos que quisieron o lograron vernos la cara; quiere decir que desde la consciencia de quiénes somos y cómo reaccionamos, seamos y reaccionemos diferente. Quiere decir también que estemos atentos a lo que nuestros sentidos perciben y a lo que quieren percibir.

172

En una transacción comercial, debes prestar atención a lo que observas en el otro sin caer en la exageración, debes tratar de interpretar con cautela lo que tu percepción te dice. No solemos hacerle caso a tiempo a ese sexto sentido* que nos prende la alarma muy oportunamente.

---

* Regrese al apartado del *instinto* en este libro.

Debes también intentar contener tus ganas de vender humo, independientemente de las razones que tengas. No lo hagas por miedo de irte al infierno ni por lo mucho que quieres aportar al bienestar humano, hazlo por las consecuencias que una venta fundada en mentiras te puede traer. La primera y más evidente es que no puedas cumplir, lo que provocará que ganes a pulso

MENTIRAS... E INFIDELIDAD

una mala reputación que después te costará mucho más trabajo arreglar.

En una relación amorosa, debes prestar atención a lo que observas del otro y a lo que observas de ti mismo. Generalmente en estos casos, el engaño es bidireccional, muy mutuo: te engañan porque quieres ser engañado; engañas porque buscas vivir de la fantasía. Las dos vías convergen en un mismo supuesto complicado: la necesidad de evadir la realidad esperando a que la fantasía, algún día, por arte de magia, pierda la ficción y que, además, se convierta en un «felices para siempre» que llegue de un milagro inexplicable.

El grado de mentiras muy pocas veces cede y se reduce. Generalmente va en aumento y termina muy mal. Los sentimientos alimentados con rencor generan eso a lo que llamamos *resentimiento*, que, a su vez, abre una herida potencialmente expandible a causar más y más heridas tanto en ti como en el otro. Se rompe tanto en los dos que de pronto se vuelven tres o cuatro o más…

¿Te das cuenta? Todas, absolutamente todas las mentiras nacen del mismo lugar: la inseguridad.

Responsabilidad afectiva, responsabilidad económica

Bien. Ya sabes que mientes. Ya sabes que todos mentimos. ¿Qué vas a hacer ahora con eso? ¿Navegarás por la vida mintiendo y creyendo que estás justificado porque todos lo hacemos? Así tampoco funciona.

> Todo tiene un precio. Recuerda: el karma existe, aunque no creas en él.

Apuesto lo que sea a que tienes un seguro para tu automóvil, una póliza que te permita hacerle frente a un accidente o a daños a terceros. Si chocas, tendrás que hacerte responsable de lo que fue tu culpa y pagar, de lo contrario, la ley irá por ti. Tienes un seguro para tu automóvil porque sabes de eso, porque estás prevenido por lo que puede pasar si cometes un error. ¿Y tú seguro del corazón por si le rompes el suyo al *crushtomer*? ¿Te das la vuelta y te vas? En teoría podrías, ¿verdad? No hay una ley que vaya por ti. Bueno... aparentemente.

¿Has escuchado hablar de la responsabilidad afectiva?

El amor y la razón sin sincronía, la mentira más grande

174

Leí hace unos días *Los límites del amor* de Walter Riso. En el capítulo 2, «¿Cómo sabes que estás amando irracionalmente?», habla de los límites entre lo aceptable y la falta de completitud.[1]

A ver... yo soy la más obsesiva en querer creer que el «vivieron felices para siempre» debe cumplirse a toda costa. Tan obsesionada estoy que varias veces (muchas, muchas), he intentado de todo para que una relación, ya sea laboral o sentimental, funcione. No importa si hoy fue un mal día, seguro mañana podremos ver brillar la luz de la pasión, el perdón y la resiliencia. No importa si llevamos así toda la semana, después de la tormenta siempre viene la calma. Un par de meses en agonía no importan, cuando más oscuro se ve, menos falta para ver amanecer. Hay que tener paciencia; después de todo, el compromiso

---

[1] Walter Riso, *Los límites del amor. Cómo amar sin renunciar a ti mismo*, Barcelona, Editorial Planeta, 2009.

con el amor verdadero debe ser lo más fuerte e importante para la humanidad.

¿Te suena? ¿Cuál «amor verdadero»? ¿Dónde queda la razón? ¿Quién, por amar, debería aceptar ese flagelo? NADIE.

Las emociones, cuando están heridas, buscan a toda costa volver a sentirse bien. A veces no regresan a ese estado, pues nunca estuvieron ahí. En realidad, buscan esa ilusión que no se cumple nunca. Mienten mucho. Mienten siempre.

Entramos en una lucha a muerte en donde la razón y la emoción discuten siempre buscando asesinar a la otra. No se ponen de acuerdo; no se sienten bien. Desafortunadamente, la emoción casi siempre es más poderosa. Desengañar a la razón cuando la emoción apremia es tarea complicadísima; por si fuera poco, la emoción se vale de la peligrosa ilusión para atacar más fuerte.

Pues, ¿no qué el *crushtomer* era lo más importante? Sí que lo es, pero para que sea *crushtomer* debe existir una historia, una real, recíproca, empática; no solo inventada por ese peligroso dúo formado por la ilusión y la emoción.

En el amor, debes tener la fortaleza y la valentía para aceptar que te estás mintiendo. En el marketing también. El amor es el motor; la razón, el control de calidad, el filtro. No basta tener mucha esperanza para que las cosas funcionen, debes saber hasta dónde ponerle un límite a esa sensación. Números, querido lector, números.

175

En el marketing como en el amor,
debes tener la fortaleza y la valentía
para aceptar que te estás mintiendo.

> El amor es el motor; la razón, el control de calidad, el filtro.

Descubrir una mentira, cuando se quiere creer, es muy difícil. Descubrir una mentira que estamos diciéndonos a nosotros mismos es todavía más complicado.

«¿Qué estoy haciendo mal?», me preguntaba uno de mis clientes por teléfono cuando le dije que no podía seguir ayudándolo en el negocio. Tenía varios meses (cerca de dos años) intentando hacer funcionar una idea que de verdad lo apasiona. Es buena idea, es buen producto, incluso podría ser buen negocio, pero no funciona, hace mucho que no funciona. Las razones son muchas, podríamos enumerarlas comenzando por la trágica pandemia, aunque, honestamente, las razones a estas alturas ya no importan. Cuando no hay sustento, no lo hay. Por más que mi cliente quiera seguir creyendo que sí, su modelo de negocio en las circunstancias actuales no funciona. Es un negocio de venta de proteínas y suplementos alimenticios por internet. Hemos intentado muchas cosas. A veces, la marca levanta y empieza a vender bien; luego, algo pasa que las ventas caen y vuelve a padecer. Podría diagnosticar muchos males en el negocio, pero la verdad es que hace tiempo no es negocio. Nadie, ni el marketing ni el amor pueden aguantar perder siempre.

Resiste. Porque es *hasta que la muerte los separe*. Pese a ser una frase trillada, la hemos escuchado tantas veces en nuestra educación romántica que se nos ha quedado grabada a fuego. Admirable la resistencia con la que nuestras abuelas aguantaban; admirable también la resistencia con la que los emprendedores eternos aguantaban sin llegar nunca a volverse empresarios. Todo tiene un límite. Si eres tú quien lentamente se mata con mentiras, la proeza no es valiente, es martirio sin función.

No es suficiente sobrevivir, llegar al final del mes pagando los gastos y vivir al día. No es normal sentirnos insatisfechos en el amor. «Mientras se espera vivir, la vida pasa». Mientras sacas solo para los gastos, el verdadero negocio se te va de las manos.

Crítica sin consejo no suma, así que primero debes tomar conciencia del mal que te aqueja y, después, ponerte manos a la obra. Tal vez, necesitas terapia de pareja… o de negocios. Una visión externa de lo que pasa entre los involucrados te ayudará a salir del círculo. Está bien si decides pedir ayuda escuchando a la emoción y a la ilusión, se vale, pero debes saber que, con un proceso de acompañamiento, será la razón quien termine siempre por ganar. Lo más importante en este caso es reconocer que podrías estar mintiéndote a ti mismo y buscar entender la verdad.

Ahorita no quiero darme cuenta

Poquito es mejor que nada. Al menos, así pensaba yo en esa historia en la que solo recibía migajas mientras invertía todo lo posible por evitar que el barco se hundiera. No estaba preparada para tomar mis cosas e irme. Quería seguir creyendo que había una posibilidad, y aunque en el fondo sabía el desgaste al que me estaba condenando yo misma, prefería tener aunque fuera un poco de aquel *crushtomer* antes que aceptar que lo estaba perdiendo todo, no solo a él, también a mí.

Las manos sobre los ojos y a esperar, esperar y seguir esperando. Migajas y más migajas. El miedo a no tener nada me hacía vivir congelada. ¿Tienes idea de cuántas oportunidades perdí en ese lapso? Yo no la tenía. Es tan fuerte la esclavitud a la que nos sometemos cuando no queremos dar el siguiente paso que ver más allá de nuestras narices se vuelve casi imposible.

Hablo del amor, pero también de los negocios. Prolongar la agonía de un fracaso hace a ese fracaso aun mayor. Piensa en cuántos recursos estás invirtiendo sin ver rendimientos significativos. Pierdes demasiada energía en ese intento al no querer darte cuenta de que esa energía podría estar siendo productiva. Entonces, tarde o temprano caemos en depresión.

En el marketing como en el amor, si no está creciendo, estás perdiendo.

La depresión podría definirse como un «hundimiento vital»,[2] el hundimiento en el que te sumes al no querer ver lo que para tus finanzas es tan evidente: no estás ganando. ¡Atención! Ganar no es terminar el mes con un ingreso promedio que te permita costear tu vida, ganar es CRECER, es ver, mes con mes, cómo el fruto de tu trabajo se vuelve exponencial. En el amor, ganar no es ver pasar tus días en la rutina de vivir esperando recuperar esa inspiración que necesitas para seguir creciendo. Si lo piensas de esta manera, se vuelve más fácil descubrir si estás atorado: ¿estás creciendo? Sí o no. Ahí está tu respuesta.

---

[2] Kurt Schneider *apud* Ángel Aguirre Baztán, «Depresión y religión: acedia, luto y nostalgia», en José Antonio González Alcantud y Salvador Rodríguez Becerra (eds.), *Creer y curar: la medicina popular*, Granada, Diputación Provincial de Granada, 1996, pp. 361-380.

CAPÍTULO 8

PROBLEMAS

En el marketing como en el amor,
una relación no puede llamarse madura
hasta saber superar obstáculos.

«El que persevera alcanza», dicen. Perseverar va más allá de resistir y de insistir. Pasa cuando adquirimos esa capacidad de enfrentar, superar y capitalizar los problemas; lo más importante es eso último: capitalizar.

Probablemente no te fue bien en el negocio los primeros meses, has tenido inconvenientes con tu marca, tu campaña no funciona como esperabas o de plano tu relación no está funcionando. ¿Tiras la toalla? ¿Es en realidad tan malo y tormentoso tu problema? La vida misma es así, como una montaña rusa, tiene algunas vueltas soportables, otras cardiacas e irreverentes. Lo que debes saber es que todas y todos tenemos altibajos. Si a eso le sumas factores externos y hormonales, te encuentras con un constante «ya no quiero».

Los últimos años han sido sin duda, y por excelencia, los años del emprendimiento. Por todos los círculos de negocio se escuchan las palabras *startup*, emprendedores, *pitch*, inversionistas, capitales ángeles y muchas otras más que refieren la actual tendencia por llevar a cabo un negocio o ejecutar una idea. No sé dónde nació esa moda, pero ¡qué bueno! Cada vez son más los jóvenes —y no tan jóvenes— que se atreven a poner en marcha un negocio. Lo desafortunado es que nos encontramos también casi en la puerta del «desemprendimiento».

Hemos llegado a la realidad después de la euforia, el impulso, la pasión y el positivismo de la actual generación productiva, dispuesta a crear, crear y crear. Pero existe un ingrediente igual de importante: mantener, mantener y mantener. Dicen que la mayoría de las empresas muere antes de los diez años,[1] entonces es hasta pasada una década que una empresa puede llamarse madura. ¿Métrica correcta? No lo sé, es estadística comercial pura y absoluta. Lo que actualmente pasa es que esa pasión desbordante de los inicios, pues, se desborda. Se agota, se acaba y pasa de un «quiero todo contigo» a un «mejor intento otra cosa».

Siempre no quiero

Creo que ya sabes por dónde voy: lo mismo sucede en el amor. Los matrimonios, como los emprendimientos, pasan de una feroz euforia y pasión a otro divorcio.

Todos, o casi todos, nos casamos con gran ilusión, con muchas esperanzas, pensando en los años venideros como un cuento de hadas, con la convicción y la seguridad de que

---

[1] Ricardo Monge-González y Federico Torres-Carballo, *La dinámica de una iniciativa empresarial en Costa Rica: Un análisis de la entrada, salida y crecimiento de las empresas.* Banco Interamericano de Desarrollo, 2015.

será para siempre; con esa gran pasión, ese interés honesto, leal y desinteresado por lograr las cosas que nuestra nueva sociedad promete. Trabajamos los primeros años con el impulso de la pasión y después, igual que en el emprendimiento, «desemprendemos el camino». Se cansa el caballo, se tira la toalla y llegamos al verdadero punto crítico, al que de verdad es el parteaguas de la historia.

No es necesario un fundamento científico ni una fuente académica para afirmar que, en las últimas décadas, el promedio de duración de los matrimonios ha disminuido de manera impresionante. Antes, el divorcio era prácticamente inconcebible, incomprensible e inaceptable. Yo no he escuchado del divorcio de la bisabuela de nadie; enviudaban, sí, pero ante la muerte ni tú, ni yo, ni el marketing podemos hacer nada. Hablamos de la duración de las relaciones por pura voluntad, el plazo de permanencia que sí está en nuestras manos.

Culturalmente se cree que los divorcios y separaciones incrementaron los últimos veinte años por culpa de Disney. ¡Atención! Esto lo digo yo, que soy la mayor de las fanáticas obsesionadas con el mundo donde la magia sucede, pero es así, la culpa de muchos fracasos actuales en las relaciones la tiene Disney.

Si tienes entre 25 y 50 años, hay un cien por ciento de posibilidades de que hayas visto sus películas. Seguramente conoces la historia de alguna de sus populares princesas, si no es que de todas. ¿A dónde voy con esto? Todas esas historias tienen algo en común, tienen el «felices para siempre» en los últimos minutos de la trama. Pero hasta ahí. Detente. Y ese, precisamente, es el problema cultural, social y casi religioso de nuestra generación: esos últimos cinco minutos de esas historias que fueron casi obligatorias para niños y niñas de nuestro tiempo. ¿Cómo se les ocurre terminar tan importante acervo cultural y educativo con eso? ¿En qué estaba pensando Walt cuando decidió cortar así las historias? Así, creyendo que la verdadera lucha, la real batalla y el difícil camino estaba en encontrar al príncipe azul. Una vez encontrado, lo demás era esperar a que salieran las tres letras «FIN» y a que la voz dijera: «... y vivieron felices para siempre».

Ahí vamos, entrenaditos y entrenaditas para poner todo nuestro esfuerzo, toda nuestra energía y todas nuestras fortalezas en la búsqueda del príncipe (o princesa) azul, esa persona que fue diseñada exclusivamente para nosotros y que, al encontrarnos con su inquietante mirada y su arrasadora personalidad, caminaría hacia nuestra producida figura y bien arreglada cabellera a decirnos lo mucho que esperaba ese momento. Por fin, había encontrado a su princesa, esa hacendosa y modosita criatura de labios rojos que engendraría a su legado sanguíneo y se ocuparía de llenar todos sus *mommy issues*, esa fiel compañera que, con su belleza deslumbrante, encendería su corazón, haciéndolo capaz de librar las más duras batallas para llevar el sustento a su confortable hogar... ¡Ay, ajá!

Cinco minutos que acabaron con un sinnúmero de matrimonios. Esos cinco minutos que nos hicieron perder el foco y gastar todos nuestros recursos en una etapa que ni era tan importante. Ya hablamos de la conquista, de la investigación de mercados y de la autoconciencia, tres capítulos dedicados a lo que, sin querer, y fríamente manipulados por la educación televisiva de la que fuimos víctimas, le metimos todo el *power* gastando casi por completo el tanque de gasolina en los primeros kilómetros.

Pero ¿qué íbamos a saber nosotros? Ahí terminaba nuestra adrenalina, nuestra pasión y nuestra motivación. Nadie nos *teleeducó* para lo que venía después, supusimos que era muy fácil, todos lo hacían, era natural, las bisabuelas y los bisabuelos estaban juntos «para siempre», «felices» era lo de menos, eran y ya.

Benditos tiempos aquellos sin juzgados de lo familiar. Benditos tiempos aquellos de encontrar medios hermanos de tu edad a los treinta y darte cuenta cómo el infinito amor maternal de tu abnegada madre te cuidó de enterarte de tal tragedia. Alabados sean Walt Disney, Emilio Azcárraga[2] y Marimar[3] por escondernos a temprana edad los sinsabores de lo que venía después.

Nadie nos dijo que después de esas tres letras venía lo bueno. Nos entrenaron para la búsqueda, para la conquista, para soñar con la carroza tirada por caballos y el espectacular vestido blanco… y el día siguiente de la boda, ¿qué? ¿Luego de que ya era la señora de La Garza y Corcuera qué seguía?

¿Problemas? ¿Cuáles problemas? Viviríamos felices para siempre. ¿Obstáculos? ¿Cuáles obstáculos? Las suegras brujas y las manzanas envenenadas ya habían quedado atrás, viviríamos felices para siempre. ¿Divorcios? ¿Separaciones? ¿Cuáles? ¿Qué no quedamos que era para siempre? ¿Infidelidades? ¿De qué estás hablando? Felices y para siempre. ¡San Walt Disney de California lo dijo!

Ahí estamos la mañana siguiente con un poco de resaca y esperando que todo el mundo recuerde nuestra hermosa boda, en la que invertimos los ahorros de nuestros últimos meses, el aguinaldo de nuestros padres y tantas horas de nuestras noches cuidando cada detalle.

El negocio está inaugurado, pues ¡a vender! ¿No habíamos quedado que después de la fiesta lo demás se daba por

[2] Ejecutivo de Televisa, televisora mexicana por muchos años considerada el medio masivo más importante del país por ser una «fábrica de telenovelas».

[3] Nombre de la protagonista de conocida telenovela mexicana del mismo nombre.

añadidura? Igual que en el amor, invertimos demasiados recursos en el lanzamiento de las marcas. Nos esforzamos tanto por llamar la atención de nuestros clientes y cuidar a la perfección nuestra inmaculada imagen que nos olvidamos de guardar recursos, gasolina e interés para aguantar los más de sesenta años que deberían venir después.

No te cases, emprendedor, si te vas a cansar de mantener atractiva tu sucursal y continuar enamorando todos los días a tus clientes. No te cases.

No te cases, emprendedor, si después de unos años dejarás de cumplirle a tus clientes por irte, así sin más, a comprar cigarros. Quiero decir, a buscar otros clientes más jóvenes, modernos, con más dinero y que te devuelvan la pasión que sentías en la inauguración.

No te cases sin entender que esa pasión no te la da el mercado, debes portarla, cultivarla y conservarla tú, desde lo más profundo de tu ser para continuar siempre proyectándola.

Walt Disney y sus historias incompletas son los culpables de tantos divorcios. Silicon Valley y los garajes son los culpables de tantos fracasos de *startups* y marcas muertas.

De la cochera de mis papás a cada esquina comercial del mundo. De renunciar a la universidad a cotizar en la bolsa y donar el 90% de mis ingresos a los rinocerontes blancos sedientos de África. ¿Dónde está el instructivo para los siguientes pasos? ¿Quién nos cuenta lo que en realidad pasó en el intermedio? ¿Por qué nos hacen creer en tanto romanticismo? Pero, sobre todo, ¿por qué nosotros lo creemos? Así sin más, ¿por qué nos aferramos a seguir el camino de esos ídolos si ni idea tenemos de sus pasos?

Vivimos de inspiración y carecemos de acción. Pecamos de adrenalina y adolecemos de permanencia. Obviar el «felices para siempre» y el éxito después del garaje está acabando indiscriminadamente con esa pasión y ese compromiso real que exige el día a día.

¿Por qué te enamoraste? ¿Recuerdas cuándo la conociste? ¿Qué te hizo desear quererla para toda la vida? Me refiero a tu marca. Buscaste con muchas ganas trabajar en ese corporativo y ser parte de un producto o un servicio. Se veía tan lindo todo ese sueldo, todas esas prestaciones, todo ese futuro juntos de la mano luchando para que el mundo entero viera la magia que hay entre ustedes, el gran equipo que hacen, la buena y perfecta decisión que en aquellos años mozos estabas tomando.

¿Y luego? ¿Qué haces ahora queriendo tirar la toalla? ¿Qué haces ahora despertando con pereza en las mañanas sin motivación? Anda y regresa a aquel momento. Date cuenta y hazte consciente de aquellos tiempos, de aquellos pasos. Regresa a ese sentimiento de tu primera entrevista, de tu primer cheque, de la primera venta o el primer negocio cerrado. ¿Qué te hizo perder el camino? ¿Por qué sigues en el garaje después de tantos años, en el mismo puesto? ¿Quién caminó más, o menos, rápido?

> El amor no se crea ni se destruye, solo se transforma... y el marketing también.

¿Qué nos pasó? ¿Por qué nos perdimos? ¿Dónde quedó aquello que nos prometimos? *Cántese con tono de Reyli Barba.*

El tema no era así, perdiste el amor, pero te tengo una buena noticia: el amor no se crea ni se destruye, solo se transforma… y el marketing también. Se transforma en muchas cosas, a veces se camufla a tal grado que no lo vemos más. Pero regresa en el tiempo a tus mejores momentos a ver si no lo

185

sientes, a ver si no te da, aunque sea un poquito, de inspiración para remodelar tu tienda, lanzar un nuevo producto, restructurar el negocio, reunir a tu equipo y diluviar ideas. Deja que ese poquito de inspiración resucitada te lleve a mucha acción. ¡Anda y hazlo! Pinta la pared, refresca tu logo, mejora tu servicio, ¡lleva a cenar a tu esposa!

Tiempos de crisis

Si buscas en Netflix «Pepsi, ¿dónde está mi avión?», en cuatro episodios muy entretenidos aprenderás mucho sobre ética, y tal vez también sobre la (inexistente) justicia de la percepción.

Hace décadas ya, cuando la televisión era todavía el medio cumbre de la comunicación, las marcas buscaban sonar y sonar. La mercadotecnia, desde tiempos inmemoriales, ha sido un *ring* de box entre el que quiere destacar y su contrincante que busca lo mismo: una primera posición en la mente del consumidor.

> La mercadotecnia es un ring donde se busca la primera posición en la mente del consumidor.

Cuando escriba el segundo volumen del *marketing y el amor*, espero profundizar más en el tema de si el posicionamiento es o no la clave para aumentar las ventas —tengo mis teorías al respecto—, pero bueno, en ese tiempo se creía que sí. Por eso las compañías tenían como meta la creatividad absoluta en sus comerciales para buscar atraer lo más posible. Hacían de todo, incluso prometer un Jet Reactor Harrier II como premio mayor. Para los que no tenemos ni idea de lo que es un Jet Reactor Harrier II, es un avión que se usa en la guerra, muy rápido, espectacular, poderoso y, por supuesto, muy costoso.

186

Pepsi hizo un comercial donde anunciaba su programa de recompensas, creado para sonar mucho y para aumentar el consumo del producto; en esencia, un programa de recompensas muy interesante y que funciona muy bien cuando se ejecuta correctamente. Podías cambiar tapitas de Pepsi por premios lindos, *merchandising*[4] más que nada. Por 7 000 000 de tapitas se suponía que te daban el avioncito ese. Con matemáticas simples, un veinteañero se dio cuenta de que comprar 7 000 000 de Pepsis, quitarles las tapitas y cambiarlas por el avión era un negocio muy bueno; 7 000 000 de Pepsis en aquel entonces —y en este entonces también— cuestan muchísimo menos que un jet del ejército. Negocio perfecto: invertir en tapitas, cambiarlas por un avión «y vivieron ricos para siempre». Pues no. Pepsi en resumen dijo: «Ups, lo siento, pusimos 7 000 000 porque se veía impactante y más ceros no cabían tan bonito en la pantalla. Una disculpita, pero no podemos darle su avión».

187

Cuatro años de pleitos, juicios y abogados terminaron en una sentencia de una juez federal diciendo: «¡Ay, por favor! Nadie en su sano juicio creería que esa es una oferta real, dejen a mis amiguitos de Pepsi en paz y caso cerrado». Netflix lo cuenta de un modo más interesante que yo. Pero está en Netflix, casi treinta años después de que pasó, y está en los libros de estudio de la mayoría de las universidades de Derecho, donde les dicen a los alumnitos: «Fue un relajo feo». Por favor, pongan las letras chiquitas donde especifiquen que es broma. Van treinta años en los que más personas se enteran de lo corruptos que fueron en ese corporativo y de lo fácil que les resulta reírse de las personas por las que viven: sus *crushtomer*. ¿Sabes cómo? Así como el exmarido, que según te amaba tanto y para toda la

---

[4] Productos varios diseñados con la imagen o logo de la marca.

vida, termina envolviéndote en un proceso judicial de divorcio horroroso y desgastante. O la exesposa, también de esas hay.

A los amigos a los que les cuentes tu versión les vas a causar un coraje. A mí, cada que mi amiga famosa de la televisión o mi comadre del bonito residencial me habla para contarme el capítulo en el que va su tormentoso divorcio (yo también tuve el mío, pero ya nos perdonamos para siempre. Si quieres saber la historia, léela en el apartado «Mi bebé y el bebé de mi exmarido»), me da un extremo coraje contra el desdichado ese que les hace la vida imposible; son desdichados diferentes, pero con el mismo perfil. Y bueno, ahora imagina que una de ellas pudiera llegar a una plataforma como Netflix, contar su historia y permear con ese coraje a toda la audiencia netflixvidente; seguro a ese antagonista, más de una persona lo insultaría en la calle. Porque pues «empatía», nos contagiamos de lo bueno que se dice de las personas, pero mucho más de lo malo. Reputación, pues.

Bueno, pero todo esto te lo cuento no como chisme (un poquito sí), sino para que recuerdes que NO DEBES PROMETER LO QUE NO PUEDES CUMPLIR, y en caso de que te metas en este tipo de crisis, lo mejor es llegar a un sano acuerdo por ti, por el otro y por las criaturas; por la empresa, por el cliente y por los futuros consumidores.

Problemas y más problemas

Todos tenemos problemas. No hay pareja perfecta, nunca vas a encontrar a alguien que no tenga defectos. El dinero no cae del cielo, ni los éxitos crecen en los árboles. Frases hemos escuchado muchas, todas coincidentes en lo mismo: los problemas siempre existen. No podemos evitarlos, solo podemos pensar qué hacer con ellos.

La comunicación de la que tanto hablamos ayuda mucho en temas complicados, es gracias a ella que podemos transformar un día malo en una experiencia de aprendizaje y que podemos sacar provecho de esa mala situación. Y es gracias a ella que, en los problemas, podemos escoger entre 4 caminos.

Camino 1. Sobrellevarlos

Yo no podía hacer nada. Lo que él hubiera hecho con ella, por muy malo y desleal que hubiera sido hacia terceros, lo había hecho ya. Por azares del destino, o bromas de mi mala suerte, me había tocado estar en el momento preciso en el que mi futuro novio cometía uno de los más vergonzosos pecados, al menos a mi parecer. Alta traición. Detalles de lo que pasó, no puedo dar. Lo que puedo decir es que dejó en mí una muy mala imagen de alguien que sería después muy importante para mí.

189

Nadie me obligó. Yo decidí involucrarme con él a pesar de lo que había visto. Nadie me engañó. Yo sabía que ese antecedente taladraría nuestra relación tarde o temprano. Lo hablamos muchas veces. Su intención en ese momento pasado no fue lastimarme, él tampoco sabía que después se enamoraría de mí. Lo hablamos muchas veces, pero para mí nunca fueron suficientes. Nada de lo que me dijera podía hacerme entender las razones que lo llevaron a cometer ese acto en el pasado.

Sí, lo juzgué. Sí, lo critiqué. Y si hubiera podido, a lo mejor hasta lo hubiera sacrificado. Para mí, los actos tienen consecuencias y exigen responsabilidades. Quería saber y constatar que él se estaba haciendo responsable de su gravísimo error.

Para este párrafo, espero que ya te hayas dado cuenta de lo equivocada que estaba. No solo porque yo lo acepté así, sino también porque yo nada tenía que ver en eso que había pasado ni, mucho menos, tenía derecho a cobrar facturas que ni mías eran.

Que yo no tuviera la culpa o que estuviera equivocada en mis apreciaciones no quitaba que siguiera siendo para mí un problema. Soy un ser humano que siente, a veces, mucho más de lo que yo misma esperaría sentir.

Pues bien, el problema ya existía. Era un recuerdo en mi memoria que me hacía sentir dolor, desconfianza e inseguridad. Tenía varias opciones entre las cuales estaba dejar de salir con el protagonista de esa película de terror de la que ya te he hablado con anterioridad. Para ese entonces, yo ya estaba enamorada y, en mi balanza, el sujeto en cuestión tenía más pros que contras. Para ese momento, el recuerdo me dolía, pero me dolía más la idea de terminar con él.

Sobrellevarlo. Ese fue el camino que decidí tomar ante la situación, no sin antes expresar bien mis sentimientos y los límites que ahora necesitaba poner. El problema ya no estaba en mi cancha, ya no dependía de mí. Yo solo tenía que seguir adelante sobrellevando un problema que no podía desaparecer, pero que tampoco merecía generar un problema mayor.

Esos problemas que se sobrellevan no desaparecen. Estarán ahí, perdidos en tu memoria, por un largo tiempo. Seguramente alguna vez volverán a recordarse y, sin duda, te harán sentir y, aunque no te impiden seguir tu camino y no restan constantemente energía a tu existir, no los dejas.

Hay que tener mucho cuidado con ellos: cuidado en saber diferenciarlos, en no minimizarlos y en no exagerarlos. Tienen la típica cualidad de parecer más graves de lo que en realidad son, y esto puede engañarte y provocar que tomes decisiones incorrectas. Son problemas que se sienten mucho y se razonan poco.

Una vez, alguien a quien admiraba mucho me dijo: «Si el peor defecto de tu pareja es algo con lo que puedes vivir, continúa con él». Analiza a conciencia si puedes vivir con eso. Si tu problema no te perturba al grado de no dejarte seguir o de complicarte el camino, entonces hay que sobrellevarlo. No es negar su existencia, es dejarlo convivir con la nueva situación, ¡y quién sabe!, a lo mejor hasta algo aprendes de él.

Quien dijo haber aprendido de sus errores, y espero que sea así, fue Demna Gvasalia. Es muy probable que su nombre no te suene, pero la marca Balenciaga tal vez sí. El caso de la publicidad con niños posando con osos de peluche que parecen llevar arneses de BDSM (*bondage*, disciplina, dominación, sumisión, sadismo y masoquismo) espero que sí te suene, te resuene y coincidas conmigo en que traspasaron un límite.

191

Ok, entiendo que la moda muchas veces recurre a lo estrambótico y disruptivo para expresar sus gritos desesperados, pero de eso a meterte con las criaturas, ahí sí no. Mucho menos en momentos tan críticos con temas escabrosos como los que esas imágenes representaban. En serio no los quiero ni mencionar, pero si no supiste la historia, búscala por favor en Google.

¿Qué ese fue un problema? Sí. La causa la desconozco, pero espero que quien ideó semejante atrocidad esté ahorita en un psiquiátrico en pronta recuperación. ¿Que el problema no implicó la muerte de la marca? No, hasta ahorita no. Tuvo repercusiones fuertes, pero han tenido que sobrellevarlo. Quitaron la publicidad de la campaña, lanzaron un comunicado desde la marca y el máximo representante de la compañía, ese que te dije arriba, publicó en su cuenta de Instagram un mensaje que dice entre el texto: «I need to learn from this»[5]. Ojalá que sí haya aprendido.

Por cierto, la cuenta de Instagram de Demna en este momento no tiene publicación alguna. La razón no la sé. Suelen crear una suerte de expectativas borrando todo su contenido cuando van a lanzar algo más. Espero que en esta ocasión recurran a ideas menos agresivas.

Camino 2. Sobrevivirlos

Iba a terminar mal, lo sabía, y aunque no me arrepiento de todo, en el fondo agradezco lo aprendido.

Cuando comenzamos, no veía tantas banderas rojas, pues es difícil verlas o reconocerte consciente de ellas cuando tienes tanta emoción, tanta adrenalina. Suponía algo bueno para mí, algo importante, tenía muchas esperanzas puestas en ello.

Conforme fue dándose el proceso, las alertas comenzaron a surgir; cometíamos errores y, aunque es de humanos equivocarse, el reproche por ellos me hacía temer tanto volver a equivocarme que comencé a hacer las cosas peor, al grado de tratar de tapar un hoyo abriendo otro más grande.

Quería evadir los problemas, desaparecerlos de la faz de la Tierra y continuar pintando arcoíris en el cielo, sin cielo y sin pinturas. Pensaba que siendo «incorrectamente empática» podría garantizar el éxito de la situación —digo incorrectamente

192

---

[5] «Habló el responsable de la polémica campaña de Balenciaga con niños y elementos sadomasoquistas», *Infobae*, 3 de diciembre de 2022, infobae.com/america/entretenimiento /2022/12/03/hablo-el-responsable-de-la-polemica-campana-de-balenciaga-con-ninos-y-elementos-sadomasoquistas/?outputType=amp-type.

empática porque querer darle gusto al otro en todo reprimiendo tus emociones y escondiéndolas debajo de un tapete no es empatía, es tratar de sobrevivir con los problemas a cuestas.

Después de un tiempo, sabía que iba a terminar mal. De algunas cosas sigo sin arrepentirme y en el fondo de verdad agradezco lo aprendido, pero pude haberme ahorrado mucho sufrimiento. Es cierto, dicen que el dolor es inevitable y el sufrimiento, opcional, pero cuando se trata de emociones tan intensas, el sufrimiento se vuelve un sentimiento obligado.

Estoy hablando de una relación de pareja, sí, y estoy hablando de una relación con uno de mis clientes también. Siento exactamente lo mismo al pensar en una historia que al pensar en la otra: culpabilidad, arrepentimiento y agradecimiento por el aprendizaje.

Siento culpa y arrepentimiento porque me quedé a deber a mí misma, veía frente a mí los problemas, pero no quería enfrentarlos. Mi cliente ni me valoraba ni quería estar conmigo. Estaba ahí porque yo era su opción menos peor, ya estaba acostumbrado a mí, yo ya sabía mucho sobre su negocio y hacíamos como que la relación funcionaba, ignorando súbitamente los problemas que, por falta de comunicación o muchas otras faltas, teníamos. Mientras no se acabara, yo podría sobrevivir.

Ya había escrito muchos capítulos de este libro y caí otra vez. Es que escribir y aconsejar es muy fácil, pero cuando nos encontramos en el campo de batalla y nos toca participar de la guerra, todos los consejos se olvidan. Tal vez si hubiera leído y releído lo que yo misma escribí no me hubiera pasado, o quizá, sí, aun con eso, mis ganas de intentarlo me habrían llevado de todas maneras a los impulsos que se convirtieron en una cadena que, al final, terminó encadenándome.

Sobrevivir a los problemas es la peor de las soluciones, de hecho, no considero que sea una, es solo un «qué hacer con ellos» que te va a costar mucho trabajo. Sin embargo, los problemas existen y, a veces, sobrevivirlos es la única opción que parece viable; está bien que por un tiempo sea así, pero no se irán, no se resolverán mágicamente y, con el paso del tiempo, pueden dar pie a otros problemas derivados de la irresolución.

Casi todos los problemas nacen de errores en la comunicación o de la necedad de no querer ver cuando una relación no tiene compatibilidad, en el marketing y en el amor también. Ejecutar una campaña en busca del éxito para un producto, comercialmente hablando, exige que las dos partes estén en un mismo canal, que hagan equipo. Seguramente habrá obstáculos que superar, pero justamente se trata de eso, de buscar superarlos, no de luchar por sobrevivirlos.

194

> En el marketing y en el amor, casi todos los problemas nacen de errores en la comunicación o de negarse a ver la falta de compatibilidad.

Camino 3. Superarlos

Hay problemas que siempre estarán ahí, que simplemente se superan, aunque no se hayan resuelto. Quedan en el pasado como cicatrices de heridas que de vez en cuando se vuelven a abrir, se tienen que volver a curar y regresan a su estado de espera permanente, pero no están mermando nuestro día a día, no influyen de manera directa en nuestras decisiones ni truncan nuestras acciones. Es más, de pronto nos sirven hasta de experiencia.

Superar inconvenientes que no se resolvieron es un poco como dejar de vivir en el pasado, poder disfrutar el presente y vislumbrar el futuro. Ahí están, fueron y sigue siendo, pero ya no calan como cuando sucedieron.

Tal es el caso de las marcas que han cometido errores graves en su publicidad. Muchos recuerdan esos errores, pero dejaron de juzgarlas por ellos. Son las mismas marcas que continúan en los mercados sin olvidar el error que cometieron, pero sin permitir tampoco que este error las paralice. Puedo ponerte como ejemplo el caso que trata Sergio Zyman en su libro *El final del marketing que conocemos*,[6] donde cuenta lo que hoy en día es conocido como *el peor error de marketing de la historia*, cuando Coca-Cola decidió lanzar The New CoKe como estrategia para competir contra Pepsi en el mercado de los más jóvenes. En ese entonces, por primera vez en 99 años, cambiaron la fórmula. El tema terminó en protestas y manifestaciones para que volviera la clásica Coca-Cola, la compañía casi se va a la quiebra, y hoy en día, en los salones de mercadotecnia, se sigue analizando el caso. Pero las ventas de Coca-Cola siguen al alza.

Camino 4. Solucionarlos

La última opción debería ser la primera. Antes de sobrevivir, sobrellevar o superar el problema, debemos buscar solucionarlo. En uno de los cursos que doy para el Gobierno del estado de Querétaro, me pidieron enseñarles a mis alumnos metodología

[6] Sergio Zyman, *El final del marketing que conocemos*, Barcelona, Granica, 1999.

195

del pensamiento. El curso se llama «Análisis de problemas y toma de decisiones». Debo confesar que las primeras veces que lo di, aprendí más yo que ellos. Enseñar es la forma más práctica de aprender.

Después de varios grupos, la metodología fluía, me sentía como pez en el agua. Me sabía ya todo de memoria y podía guiarlos en el cambio de pensamiento. Usamos muchas herramientas analíticas y me emocionaba ver cómo después de una semana se cuestionaban todo, es decir, lográbamos despertar el hábito de la reflexión.

Solucionar problemas para mí no era tan claro. O sea, es como Dios nos da a entender, ¿no? Se me presenta algo que me preocupa o me hace sentir mal y busco cómo resolverlo y ya, listo.

Así viví 36 años. Fundamentalmente inventándome problemas que no existían. Entonces, en el curso, me tocó buscar que los demás entendieran qué sí era un problema y qué no, entendiéndolo primero yo.

Para que eso que te da vueltas en la cabeza merezca tu energía, al grado de ejecutar una serie de pasos estratégicos y estructurados para resolverlo, tiene primero que ser un problema. Pero yo lo siento, a mí me duele, estoy muy enojada por eso que está pasando. ¡Obvio es un problema!, no me digan que soy una exagerada porque están invalidando mis derechos de expresión y entonces haré una manifestación. A ese nivel de locura llegué en uno que otro momento (estaba chiquita de mi pensamiento).

Y sin más choro, aquí te van las cuatro características que debe tener lo que te está pasando para considerarlo un problema:

1. Está en el futuro.
2. Tiene solución.
3. Lo puedes resolver tú.
4. Te está desalineando de tus objetivos.

Si cumple con estos parámetros, entonces es un problema; si no, es una CIRCUNSTANCIA, y no quiere decir que por eso debas dejarla pasar y dormirte en tus laureles, quiere decir que no debes agobiarte de más por lo que no merece más agobio.

Ya que identifiques que sí es un problema, entonces busca la raíz, la causa de esa situación. Para eso, te recomiendo la metodología de los 5 por qué, como hacen los niños pequeños cuando comienzan a descubrir el mundo. Y por qué y por qué y por qué. Cuestiónate y lleva tus pensamientos a la profundidad de tus sentimientos, eso te dará respuestas más enfocadas en ti y en lo que debes hacer para resolver lo que te pasa. Me encantaría darte más información y ponernos en este momento a hacer ejercicios, pero ya no me alcanzan las hojas y creo que es tema de todo un libro. No lo voy a escribir yo, hay quienes ya escribieron mucho sobre eso. Te recomiendo *Seis sombreros para pensar* de Edward de Bono, un libro más viejito que yo, pero con magia para enseñarte a esquematizar tus pensamientos y resolver tus problemas.

¿Quieres ejemplos de problemas que se solucionan en el marketing y en el amor? ¿Que al encontrar la raíz nos demos cuenta de que estábamos desenfocados de la verdadera causa? Está breve, sencillo y práctico: estás o estabas con esa mala pareja, no porque la pareja fuera mala, sino porque tú no crees o no creías merecer algo más. La solución a ese problema no es divorciarte, tampoco es que el otro cambie, la solución es trabajar

197

en ti y entender lo que mereces para entonces poder tener un impacto en quien esté contigo.

No vendes tu producto porque no crees que sea vendible al precio que pides por él. No es responsabilidad de tu cliente pelarte, es tu responsabilidad buscar qué tienes y qué puedes mejorar, creerlo y entonces ir a promoverlo.

Las personas no cambian porque pidas un milagro

Consultaba el horóscopo casi todos los días, iba a la iglesia y le rogaba a Dios casi con tono de reclamo, buscaba respuestas en la numerología y leía cualquier libro de ayuda para parejas que se me atravesara. Estuve incesantemente estudiando todas las posibilidades e insistiendo en que regresara el que para mí era el amor de mi vida, que Dios todopoderoso interviniera y lo cambiara; después de todo, con solo quererlo, Él podía hacer regresar en modo enamorado a mi querido príncipe azul. Creo que bajé a toda la corte celestial dos veces en mi vida: con aquel primer amor que me dejó una enorme cuenta en el psiquiatra y con el último, que reabrió mis más profundas heridas.

Con el primer personaje, nada funcionó, pareciera que el poder superior estaba muy ocupado solucionando la hambruna en África y había decidido no poner atención a mis ruegos y reclamos. Con el último sí. Pasaron un par de meses y, de la nada, regresó. Comenzó a mostrar señales de que quería estar conmigo y, después de varias conversaciones, yo brincaba de felicidad por las calles creyendo que la hambruna en África le había dado tantita tregua a Dios y ahora sí me había escuchado. Recuerdo que las primeras veces que volvimos a dormir juntos, lo contemplaba por largos ratos sin creer que estuviera otra vez conmigo. Nunca le pregunté ni lo cuestioné, no quise que me explicara por qué ahora sí me quería y antes no. Era un milagro, ¿recuerdas?, los milagros no se cuestionan. Además, cómo iba yo a ponerme mis moños si Dios había dejado de atender temas tan importantes para voltear a ver mi sufrimiento, ¡qué malagradecida hija de la fe católica sería!

Mi milagro duró seis meses. Tres, en realidad. Tres viviendo en la fantasía del amor embriagante y otros tres viendo cómo se alejaba nuevamente. Los mismos problemas que tuvimos en la primera temporada de nuestra serie romántica volvían a aparecer con la terrible misión de destruir mi milagro. Fuerzas oscuras del mal nos hacían discutir por las mismas cosas y revivir los sentimientos que habíamos guardado en el archivo del 2019. Mi milagro adolecía de los mismos problemas.

Pues claro, él creía que yo había cambiado mágicamente y que sería la más madura y comprensiva de las novias. Yo creía que él había cambiado y ahora sería el más maduro y comprensivo de los novios. Era un milagro.

Pero no, las personas no cambian porque pidas un milagro. Los problemas toman uno de los 4 caminos, pero nunca desaparecen, estarán archivados en algún cajón con título del mes y el año en el que sucedieron, lo que logremos hacer con ellos es lo que nos conducirá a un verdadero milagro, provocado por dos, no por Dios.

Ahora permíteme contarte otra historia, una diferente, pero con muchas similitudes.

199

Tengo una agencia de mercadotecnia que me ha costado muchos años de esfuerzo y aprendizaje; puedo decir, sin temor a equivocarme, que es uno de los pilares más fuertes de mi vida, o al menos, eso pensaba. Mi agencia ha atendido cuentas chiquitas y grandes, hemos creado estrategias para muy diversos negocios y aunque nos equivocamos en el camino, el compromiso que tenemos en equipo nos ha llevado a lograr grandes resultados. Hasta que un día ya no. Habíamos mejorado mucho en todos los sentidos de la mercadotecnia, gozábamos de una reputación muy buena y los clientes nuevos casi siempre nos buscaban por recomendación de clientes actuales o anteriores. Las finanzas de la empresa después de la pandemia comenzaban otra vez a ser tan sanas que yo podía irme a dormir tranquila aun habiendo vaciado alguna tienda de ropa esa misma tarde. Me sentía en un lugar seguro y de mucha plenitud.

De pronto, una cuenta muy grande llegó a tocar nuestra puerta, era uno de esos famosos unicornios que la estaba rompiendo como *startup*, una noticia que llegaba justo en un buen momento y que hacía que las cosas pintaran todavía mejor. Yo ya me hacía vacacionando al final del año en un lugar paradisiaco con todos los miembros de mi familia. Comenzamos el proyecto y aunque fue por demás difícil levantarlo, conseguimos las metas que nos pedían. En el camino se nos cayeron un par de clientes, siendo honesta, por falta de atención, pero ¡qué importaba!, este nuevo cliente era un milagro y si algunas leves fallas en la estructura empresarial causaban la baja de esos clientes, ya lo solucionaríamos en su momento. Todavía más drástico: tomé la decisión de agradecerle a uno de mis clientes que tenía muchos años conmigo porque consideré que me quitaba más tiempo de lo que me aportaba financieramente, decisión buena o mala, era mi momento, pues tenía el milagro de la nueva y enorme cuenta que me hacía poder sumar algunos problemitas a mi agencia, los cuales ya en su momento resolvería. Sí, esta historia va a donde seguramente ya te imaginas.

Mi barquito que yo creía un yate, recibió un golpe fatal e inesperado. Dos meses después de comenzar con la gigantesca cuenta, nos llamaron para decirnos que, aunque lo estábamos haciendo muy bien y estaban muy agradecidos con nosotros, por razones internas de reestructura tenían que frenar nuestro presupuesto, que muchas gracias, bendiciones y ojalá que nos vaya bonito.

Cuando colgué esa llamada, la ansiedad se apoderó de mí, quise reclamarle a Dios que se estuviera llevando mi milagro, investigué en Google si acaso la hambruna en África se había agravado y por eso en ese momento yo tenía que pasar por esa catástrofe.

¡Pero si había sido un milagro! Entiendo que la agencia tenía problemas en su estructura y que por eso algunos clientes se cayeron, pero no era mi culpa, yo tenía que atender a mi milagro, si no qué desagradecida hija de la fe católica hubiera sido.

No, si las personas no cambian porque pidas un milagro, las empresas tampoco. Ignorar los problemas no será de provecho; lo que logremos hacer con ellos es lo que nos conducirá a un verdadero milagro, provocado por todos los involucrados, no por Dios.

Monotonía

¿Al final de cuentas, por qué no le cuentas que te va a perder? ♪♪ Eso dice una canción que ayer y toda la mañana de hoy tengo tarareando en la mente. Y sí le conté, muchas veces le dije que estaba al borde del colapso, que nuestra relación estaba agonizando y que necesitaba que por favor hiciera algo al respecto. Había sido muy bonito al principio, caminábamos de la mano por las calles del centro de la ciudad, contándonos nuestros pasados y derrochando nuestra visión de vida. Yo me perdía en sus enormes ojos y veía sus pupilas dilatarse. No sé si sepas lo que es

un esquite; si no sabes, ven a México y pruébalos, son deliciosos: maíz cocido en un vasito con mayonesa y queso. Bueno, pues ese idílico paseo en las calles del centro incluía esquites. Quisiera regresar a ese momento, me encantaría vivirlo una y otra vez, despertar y que se repitiera ese día, podría comer esquites durante el resto de mi vida, todos y cada uno de los días que me quedan en este mundo. Falso.

Aunque estuvo muy padre y lo disfruté, si te gusta mucho el pozole (platillo típico mexicano también) y comes pozole en el mismo lugar durante los próximos seis meses, a la misma hora y todos los días, apuesto lo que quieras a que te va a dejar de gustar el pozole. Pero «no fue culpa tuya, ni tampoco mía, fue culpa de la monotonía».

Eso mismo pasa con los negocios y con los clientes. Qué bueno que hagas las cosas muy bien, qué bueno que tu tienda esté muy bonita. Reconozco mucho la labor de quien ha hecho eficientes sus procesos y ha conseguido aplicarlos repetidamente con la mayor y extrema calidad, pero si no innova, en algún punto de la historia morirá.

La emoción es necesaria, en el marketing como en el amor. La innovación también. Incluso las emociones más bonitas tienen fecha de caducidad y límite de uso. No es suficiente con hacer muy bien lo que haces, siempre debes ver si tu cliente está necesitando algo más. Y si ya de plano te está diciendo que no puede más, que la relación entre tu marca y él está flaqueando y aun así no quieres entender, pues lo vas a perder. Por monotonía o por lo que sea, acabará.

En el marketing, como en el amor, la emoción y la innovación son necesarias.

CAPÍTULO 9

TERAPIA DE PAREJA

Me hubiera gustado poder arreglar las cosas con el último de mis males de amores… con el penúltimo, también; con el que estuvo antes que ese, exactamente lo mismo, y ¡para qué mentir!, con el primero que me rompió el corazón, igual. Creo que, en todos los casos, tuve en algún punto la necesidad de arreglar las cosas. ¿Y cómo no? No entramos en una relación esperando a que se termine; por lo general queremos que nuestra pareja del momento sea «la buena».

Más vale bueno por conocido

«Más vale bueno por conocido…». No me equivoqué, escribí *bueno*. Dejando de lado la parte conformista de la frase coloquial: «Más vale *malo* por conocido que bueno por conocer», casi siempre es mejor trabajar con lo que ya se tiene que salir a buscar nuevos elementos. Hablo del marketing y del amor.

Los conflictos y las diferencias en las parejas son parte de cualquier relación amorosa. No existe pareja alguna que no tenga discusiones, incluso me arriesgo a decir que ni siquiera podría existir algo así. Por definición, una pareja es una unión de dos, y dos nunca son iguales.

Leyendo a Jorge Bucay y Silvia Salina en su muy popular libro *Amarse con los ojos abiertos*, descubrí, en resumidas cuentas, que el sentido de la pareja es el autoconocimiento, y que el crecimiento personal depende mucho del crecimiento en pareja.

Si tenemos la dicha —suerte, en algunos casos— de tener una pareja con quien nos sentimos bien por más de un motivo, tenemos la responsabilidad de trabajar en esos motivos por los que nos sentimos ligeramente mal. Es claro que, previamente, hay que hacer un análisis matemático y financiero para asegurarnos de que los buenos motivos son mucho más numerosos que los malos. También debemos buscar tratar de resolver esos problemas (véase «Problemas» en este libro) y trascender a una unión mucho más fructífera y productiva, una que nos haga a los dos más felices.

En el marketing pasa más o menos igual. Tu cliente podría ser la clave para crecer y trascender a una unión mucho más fructífera y productiva.

En el marketing como en el amor, trabajar con lo que ya tienes es la clave para crecer y trascender a una unión mucho más fructífera y productiva.

Quien está contigo ya confía en ti, ha puesto en ti sus esperanzas comerciales y confía en que sabrás ser tanto recíproco como empático con sus aspiraciones. Si ha sido bien atendido, no tendrá queja alguna y te seguirá comprando, pero puede darte mucho, mucho más.

Ese mismo cliente que ya te aprecia —es decir, que valora lo que entregas por tu precio— muy posiblemente tendrá otras necesidades que puedes satisfacer con productos o servicios complementarios y conocidos que también puede comprarte. Vale la pena trabajar con él, vale la pena trabajar con lo que ya tienes.

Imagina tener que empezar de nuevo: volver a conocer, volver a investigar, volver a conquistar, volver a conciliar y a resolver para, tal vez, terminar y empezar todo de nuevo. Se puede, sí, pero en el camino gastarás mucha energía y muchos recursos. Vale más la pena intentar arreglar las cosas con lo que ya tienes.

Es cierto, es probable que tengas problemas, que los resuelvas, los sobrelleves o los superes. También es cierto, quizá ya existan marcas y cicatrices que te hacen sentir incómodo, pero ¿qué prefieres: la incomodidad que ese camino te ha dejado o invertir muchos recursos en empezar a caminar por otro lado?

205

A este *crushtomer* ya lo conoces, ya sabes lo que le gusta y lo que no. Ya sabes cómo llegarle, cómo hablarle, cómo complacerlo. Sabes también qué te puede dar y qué no. Conoces sus fortalezas y sus debilidades; también conoces las tuyas. ¿No valdría la pena intentarlo un poquito más?

Estamos en la terapia. La terapia requiere conocimiento, consentimiento y acción. No basta con desahogarte, comunicar tus problemas y buscar tener razón, es necesario hacer cosas nuevas, diferentes, trascendentales. Esas cosas que permitirán reescribir tu historia actual para sumarle un nuevo capítulo.

¿Un nuevo capítulo o cerrar de plano el libro? ¿Qué te conviene más? Eso solo lo sabes tú, pero lo sabrás mejor en la medida en la que lo valores a conciencia. En este momento ya sabes sobre el equilibrio entre la razón y la emoción, también conoces técnicas y estrategias para lograr superar obstáculos. Es el momento de valorar con pesos y centavos el escenario en el que estás, decidir si le sigues invirtiendo con la firme intención de que funcione o si lo derribas desde los cimientos.

Querer no es suficiente

> Para reinventar el amor existe la terapia; para reinventar el marketing, la consultoría.

¿Recuerdas la historia de los gimnasios? ¿El negocio que me hubiera gustado tanto que funcionara? Pedí en mi comunidad de LinkedIn consejos en torno a lo que podríamos hacer para rescatar nuestro emprendimiento. En LinkedIn tengo entre mis contactos a un gran porcentaje de personas pertenecientes al segmento al que me gustaría dirigirme en los gimnasios. Es decir, gente que trabaja, que se preocupa por sus hábitos y que tiene la intención de hacer ejercicio, pero de una manera diferente: innovadora y de estatus. También me consta que son personas dispuestas a pagar el valor de una experiencia excepcional.

Conté la historia de los gimnasios en una publicación, pedí recomendaciones específicas para reactivar la afluencia y esperé los comentarios de mi red de contactos: un programa de lealtad, eso fue lo que más me aconsejaron. Puntos por cada consumo que después pudieran canjearse por más consumos, una estrategia muy básica que, de una u otra manera, puede aplicarse en todo negocio. Piénsalo. Cuando estrechas la relación con un proveedor por llevar un tiempo haciendo negocios con él, lo más seguro es que te termine ofreciendo ciertos privilegios. Puedes llamarlos favores.

A todos nos gusta sentirnos importantes, pero, en el caso de los gimnasios, un programa de lealtad no era suficiente. Necesitábamos algo que llamara mucho la atención, que trajera nuevos usuarios y que nos ayudara a subir la venta de membresías. Decidimos poner en práctica el supuesto de hacer lo básico, pero con un *boost* diferente. Los puntos por consumo no eran para más consumo, sino para premios o reconocimientos especiales, como sesiones en línea con los deportistas, productos autografiados, clases diferentes...

Hemos intentado muchas cosas. Algunas nos han ayudado a avanzar y a crecer, otras, no. Cada que vez que una nueva idea aparece, dedicamos mucho tiempo, esfuerzo y pasión en ponerla en práctica; es nuestro negocio y estamos comprometidos con que funcione. Cuando estas ideas no funcionan, evidentemente, viene un poco de frustración, decepción y tristeza. Podríamos tirar la toalla de una vez, cerrar y dedicarnos a otra cosa, pero algunas de nuestras estrategias funcionan. Aún estamos arriba del punto de equilibrio y todavía queremos seguir echándole ganas.

Todavía queremos, pero querer no es suficiente.

No sé qué pasó. Nos amábamos mucho y pasábamos momentos increíbles juntos. Es cierto, en muchas cosas no éramos compatibles, cosas que para él eran importantes, a mí no me gustaban; cosas que para mí son esenciales, a él no le importaban. Pero nos queríamos mucho, entonces, tenía que funcionar.

Intentamos todo. Hablar más, evadir menos; dejar de hablar y construir mejores momentos; volver a hablar y discutir con la pasión de algo que de verdad nos importaba. Nos interesaba.

A pesar de que había momentos en los que él decía que no y otros en los que yo parecía no poder más, nos interesaba.

Fuimos a terapia de pareja. Era la primera vez en mi vida que aceptaba tener lo que yo consideraba un «árbitro» en medio de mis emociones y las de mi pareja. Estaba segura de que ese experto en comportamientos y actitudes me daría la razón, no podía ser diferente. Mis intenciones eran buenas, auténticas, puras y desde el amor. A lo mejor mis reacciones no eran del todo correctas y algunas veces pecaba de exagerada, pero eran completamente culpa de sus acciones y estaban justificadas.

Unos meses de terapia más tarde, el psicólogo experto en parejas nos sugirió separarnos definitivamente. Sí. Ante mi inminente fracaso y la desesperación de no ver resultado positivo a la intervención casi quirúrgica a la que habíamos aceptado someternos, declaré muerto nuestro amor. Al menos, en lo que a mí respectaba.

Ese amor que yo creí bonito había terminado, según el experto. Desde su punto de vista, no había nada más que hacer, pero yo seguía queriendo. No sabía si mi pareja también, pero en el fondo creía que sentía lo mismo que yo.

Después de vivir mi duelo, de tomar terapia individual, de inventarme otros asuntos y de mantener mi mente ocupada, sentí que era momento de dejarlo ir, de no insistir más, de no intentar más; dejarlo ir y aceptar que me había equivocado gravemente. El instinto que me dijo varias veces que me fuera fue también lo que me mantuvo firme. El instinto me decía que eso que yo sentía no podía ser unilateral. Era amor, pero querer no es suficiente.

En un caso y en el otro, en el marketing y en el amor, debemos pedir consejo, saber pedir ayuda, escuchar la apreciación de expertos, intentar maneras nuevas y reinventar día con día eso que queremos tanto. Para eso existe la terapia, para eso existe la consultoría.

Con esto de «querer no es suficiente», quiero decir que hay que poner toda la carne en el asador, como coloquialmente se dice, cuando debemos esforzarnos mucho en algo. Hay que enunciar lo que queremos y renunciar a lo que no podemos tener. Construirnos y reconstruirnos una y otra vez, de una u otra manera, hasta que dejemos de querer por querer.

Pedir perdón no basta

Galante habilidad esa de saber disculparse. Con amabilidad, diplomacia y educación, una disculpa protocolaria sirve para nada cuando de errores se trata. Es incluso un poco cínico pretender que con un simple «lo siento» los daños y perjuicios —desde emocionales hasta materiales— se borren. Ni en el marketing ni en el amor sucede así.

Es más, debería existir una política ética que diga que las disculpas no valen nada si no se reestablece de alguna manera lo que se perjudicó. Esa sería una medida justa para equilibrar las relaciones.

¿Te ha pasado que levantas una queja por algo que de verdad te molestó y te contestan: «Gracias por hacérnoslo saber, lamentamos lo sucedido, no volverá a pasar»? ¿Y luego? ¿Qué pasa con las oportunidades que perdí? ¿Con las expectativas que tuve? ¿Con el dinero y el tiempo que gasté en esto?

Cada vez es más común que las marcas gestionen sus crisis ignorando los problemas, porque escuchar sin resolver es ignorar. Cada vez es más común que los seres humanos se retiren de un «intento» de relación disculpándose por no haber correspondido

209

a lo que les dio el otro. ¿Y mi dinero? ¿Y mi tiempo? ¿Y mis ilusiones? No quiero un premio de consolación, mucho menos un «ni modo», quiero saber que fui lo bastante valiosa como consumidora o pareja como para que el otro se responsabilice de sus errores. Pero eso muy pocas veces pasa.

Entiende una cosa: si decides poner un negocio, eres responsable de ese negocio, de la felicidad que te genere cuando te remunere en dinero, éxito o lo que quieras, y de los momentos en los que falle. Entiende otra cosa: si decides involucrarte en una relación, eres responsable de los buenos sentimientos que crees junto con tu pareja y lo feliz que eso te haga, pero también lo eres de los errores que cometas y de los corazones que lastimes.

Yo no sé si exista el karma, pero deberíamos comportarnos como si existiera, pensando más, considerando mejor y empatizando siempre.

**En el marketing como en el amor,
no basta disculparse por los errores,
deben resarcirse.**

Cambia tú

Llevaba más de un año en constante sufrimiento. No puedo decir que lloraba diariamente por los rincones o que estaba consumiéndome en mi dolor, pero sí parecía alma en pena. Había construido una relación con muchas expectativas, ¡todas! Después de tanta experiencia en el marketing y en el amor, no podía salir mal ahora. Cabe mencionar que me salté varios pasos que yo misma propongo, pues era mucha mi urgencia.

El *target* no era el *target*, pero con todo mi amor y las maravillas de mi gloriosa presencia, por supuesto que mi *crushtomer* cambiaría. Todo eso que no me gustaba y que me causaba tanta ansiedad, con el tiempo, cambiaría. Era obvio, lógico, evidente. El amor todo lo puede, ¿recuerdas?

Terminamos. Y me quedó un dolor enorme y una lista interminable de reclamos. Si él hubiera hecho, si él hubiera dejado de hacer, si él hubiera cambiado, si él hubiera intentado... El *target* tuvo la culpa, fue mi *crushtomer* el que no me respondió como yo quería, todo es su culpa.

Incluso en una de las últimas sesiones de terapia que tuvimos, mi catarsis se manifestó diciéndole a la cara que el único problema que YO tenía en la vida era él. Mirándolo a los ojos y con los míos llenos de lágrimas le dije:

211

TODO es tu culpa.

A ver... Sí tenía la culpa de muchas cosas, pero lo que yo sentía muy poco o casi nada tenía que ver realmente con él. Temas sin resolver, heridas a cuestas, inseguridades y toneladas de expectativas... en realidad, mi proceso no estaba resuelto.

Decidí dejar la terapia de pareja y a la pareja en cuestión, decisión que me costó mucha valentía y que, en los días posteriores, me causó una falta de aire casi patológica. Tenía que colocarme fuera para poder ver desde otro ángulo el panorama completo. La ansiedad me consumía, no sabía si había hecho bien o mal. Los pensamientos obsesivos se apoderaron de mi existencia y poco era el tiempo en que podía estar tranquila.

Regresé a la terapia de pareja, esta vez sin pareja, para intentar entender lo que había pasado con mi relación. Trabajando en mis expectativas, las ilusiones y la codependencia, un buen día entendí que la que tenía que cambiar era yo, de lo contrario, cualquier *crushtomer* que llegara entraría gustoso y recibiría mucho de mí, pero, conforme la relación continuara, terminaría yéndose para no regresar jamás. Era momento de remodelar mi ser.

El día que lo entendí, volví a respirar. Volví a estar tranquila y pude sentarme cordialmente a platicar con mi ex sobre lo que nos había pasado. Volví a tener paz, no todo estaba perdido. Debemos tener la valentía de aceptar que podemos estar mal, que podemos estar equivocados.

Quedé de contarles qué pasó con los gimnasios que no funcionaban: el *target* no era el *target*. Mi socia y yo pasamos muchos días quejándonos de lo mal que nos iba por culpa de la plaza, la pandemia y los *crushtomers* que nos abandonaron. Teníamos un muy buen producto y un excelente modelo de negocio, entonces... ¿por qué nos dejaban?

Otra de las propuestas que recibí en LinkedIn cuando decidí lanzar la consulta abierta nos recomendaba cambiar el concepto de negocio. Literalmente decía que con las fabulosas instalaciones que teníamos y los grandes deportistas que nos avalaban, podríamos transformar los gimnasios en estudios de grabación. Sí, estudios de grabación. La propuesta apuntaba a grabar en nuestro gimnasio entrenamientos que después se subieran a una plataforma digital en la que tuviéramos subscripciones virtuales a una tarifa acorde. Si uno lo pensaba, llegaba a la siguiente conclusión: por volumen lograríamos apalancarnos.

> **En el marketing como en el amor, debemos tener la valentía de aceptar que podemos estar equivocados.**

Entonces nos dimos cuenta de que el problema no era el *crushtomer*, el problema éramos nosotras, ya que no estábamos adaptándonos a las nuevas condiciones mundiales que, inevitablemente, cambiaban también las condiciones de nuestra relación con los clientes. Ese día volvimos a tener paz, estábamos ya vislumbrando un camino diferente. No todo estaba perdido.

Consenso o consentimiento

«Bueno, pues ya qué». «Ni modo, no hay mucho que hacer». «Si es lo que me toca, pues me toca y ya». Son algunas de las frases que me repetía cuando en una relación tenía que ceder sin estar muy contenta con hacerlo. Pensaba que, por el bien de mi película de amor, debía ceder aun en cuestiones que me hacían sentir molesta conmigo misma, todo sea en pro del amor… ¿El amor de quién?

No había mucho que pudiera hacer en ese momento, no tenía conocimientos al respecto, y la «experiencia» que había acumulado de relaciones pasadas me había enseñado cómo no hacerlo mal, pero no cómo hacerlo bien. Tuve que ir a terapia —tuvimos que ir— por segunda vez en un tórrido romance que siempre estaba terminando sin terminar de verdad. Yo estaba enamorada hasta el límite de mis reservas de amor, aferrada a la idea de familia feliz y de la pareja para toda la vida, con una presión en el pecho que ya no me dejaba respirar. Era mi cuerpo suplicándome que dijera todo eso que no me atrevía a decir.

En la primera sesión con esta nueva terapeuta, una muy inteligente y con un sello intelectual de pies a cabeza, ella nos enseñó la diferencia entre generar un acuerdo por consenso y por consentimiento.

No entendía muy bien, debía practicar mucho y conectarme de verdad conmigo misma. Esta terapia era otra terapia de cierre. Estábamos ahí para que nos enseñaran a dejarnos por completo de una vez y a poder comunicarnos y dialogar. Las relaciones normales solo terminan y ya, con una plática, un correo o hasta un mensaje de WhatsApp. La nuestra nunca fue una relación normal, era una de esas relaciones que te obligan a crecer.

Yo fui un zombie en esa etapa, iba a la terapia como última esperanza. Poco a poco fui descubriendo muchas cosas que no quería ver de la inexistente relación y de mí misma. Después, por dignidad, dejé de querer, dejé de insistir y dejé de buscar. Hablar de la dignidad no es para este momento, pero del consenso y consentimiento sí.

Resulta que la nueva terapeuta —la de los lentes, los tacones y la intelectualidad— nos explicó que los acuerdos tienen dos caminos para llegar a ser; uno en el que triunfa el equilibro entre el otro y yo, entre la racionalidad y la emotividad, es decir, gana la paz mundial: consenso. Es decir, cuando logramos ponernos de acuerdo con mis fichas y sus fichas sobre la mesa para repartirlas equitativamente. Que fácil se escucha. Es muy díficil de lograr.

El truco de la bruja en turno… momento, dije bruja. Aquí me detengo a aclarar que a todas mis terapeutas (tengo una colección) les digo brujas. Creo que tienen el poder mágico de cambiar esquemas en mi mente y, para mí, eso es brujería.

Volviendo al truco, nos preguntaba y nos dejaba dialogar para después concluir. En la conclusión debíamos tomar una decisión y decir si eso que resultaba era fruto del consenso o se trataba de consentimiento, es decir, el otro camino del acuerdo, en el que una de las partes solo acepta y accede a lo que la otra quiere. Ojo, no se trata de ninguna derrota, sino de aceptación con tranquilidad en el alma. Hubiera estado padre que el otro protagonista de esa terapia aprovechara la terapia, pero él tenía otras intenciones.

En el marketing debemos ir por el consenso. Esa historia sería la ideal para los que nos dedicamos a hacer personas felices a través de transacciones comerciales. Que el cliente entregue su dinero con el gusto de saber que sus fichas valen lo que recibirá a cambio. Aquí debes pensar en ti como negocio y en él como cliente. Creo entonces que es el momento para decirte que ese es el marketing ético, el que se logra por consenso, donde las dos partes salen contentas y beneficiadas.

215

Claro, habrá temas, negocios y momentos de consentimiento. En la mayoría de los casos tendrás que ser tú el que acepte. El cliente comúnmente tiene más posibilidades y un poco más de poder de negociación (poquito). No hablo de los casos monopólicos. Tal vez tengas que ceder un poco y hacerle un descuento por pronto pago, darle un valor adicional o concederle alguna cortesía, siempre en el límite de tus posibilidades y sin que pase por encima del valor de tu producto. Eso podría, entonces sí, definirse como dignidad.

CAPÍTULO 10

DIVORCIO

Es momento de decir adiós. Es de sabios reconocer cuando algo terminó. Con todo el dolor del mundo, recogiendo los pedazos de tu corazón y de tus esperanzas, viendo cómo se esfuman todas las ilusiones de los años atrás. Es de sabios reconocer que ese negocio ya no funciona.

Pero ¿cómo pasó? Antes recibía gente todo el día. ¿En qué fallamos? Mis números de ventas eran altos y satisfactorios. Todos los esfuerzos de mis días se fueron en este lugar, le di mis mejores años, mi juventud. Y ¿ahora me paga así?

> **En el marketing como en el amor, hay que reconocer cuando la relación termina.**

Ya intenté recuperarlo de una y mil maneras, cambié mis hábitos y mis niveles de servicio, di todo por él, mi energía entera se consumió tratando de rescatarlo y ahora me responde con problemas, carencias económicas y sinsabores. Como si no fuera yo quien le ayudó a crecer, como si de nada hubiera importado todo el tiempo que pasamos juntos…

Después del drama innecesario y de ahogar tus penas en lamentos, debes reconocer cuando es tiempo de bajar la cortina y mirar hacia otro lado. Tal vez a la vuelta de la esquina está la nueva ubicación ideal para ti, tal vez si te liberas de lo que hoy tienes, tendrás la fuerza y la creatividad necesarias para resurgir cual ave fénix e inventar una nueva historia, un nuevo concepto, un nuevo comienzo.

Así es, en el marketing como en el amor debes saber reconocer cuando la relación terminó. Quedarte más de lo necesario solo terminará por hundirte más.

No le ruegues

Ya lo sé, es muy difícil cuando sientes que era tu oportunidad, tu mejor opción para resolver todos esos problemas que te aquejan en las mañanas; cuando sentías que tenías ya la seguridad de esa relación que para ti era tan importante, ya fuera comercial o sentimental; lo sé, es muy difícil mantener la dignidad en alto y no correr a tomar el teléfono para suplicarle que vuelva a interesarse por ti, que vuelva a dedicarte su atención y a hacerte sentir importante.

Las telarañas de la depresión empiezan a atraparte. Te cuestionas insistentemente: ¿qué estuvo mal?, ¿en qué no fui suficiente?, ¿será que tiene a alguien llenando ese espacio que yo pretendía ocupar?

Alguien que me sople las respuestas, por favor. Es insufrible esa tortura a la autoestima que no me deja fluir con libertad. Yo solía estar muy bien, segura de mí misma, contenta y motivada. ¿A dónde se fue toda esa inspiración? ¿Qué es este holocausto emocional que me consume solo porque me dijeron que no?

Llegó el momento de buscar vitaminas de AMOR PROPIO. Y déjame decirte que, en estas circunstancias, son sumamente difíciles de encontrar. Suerte con tu búsqueda. Necesitarás mucho más que intención y voluntad, necesitarás mucha convicción para sacarte de donde estás, ya sea por esa obsesión intensa de recuperarlo o porque realmente quieres usar esto que estás pasando para salir libre, victorioso y transformado en una mejor versión de ti.

No le ruegues, por tu bien, no le ruegues. Lo que ofreces es muy bueno, tal vez no para él, pero sí para alguien más. Esfuérzate primero en construir el valor real de tu producto y en entenderlo. En el inter, no le ruegues. Si no crees merecer la valoración de esa persona, ¿cómo esperas que crea que la mereces? De verdad te entiendo, en el marketing y en el amor.

Llevas mucho tiempo persiguiendo a ese cliente. Hiciste una efectiva investigación de mercados, planteaste en varias ocasiones una propuesta de valor efectiva y conveniente económicamente para las dos partes, es más, le pusiste más empeño y bajaste un poco tu precio para buscar por fin su aprobación.

Te has ocupado de cultivar la relación, de hacerle ver que eres valioso y le convienes. Has puesto tu mejor esfuerzo y, aun así, te dijo que no. Entiendo perfecto que empieces a entrar en crisis. Tú contabas ya con ese ingreso de dinero, tenías ya recursos destinados para ese cliente, soñabas todas las noches en lo buena que sería su relación, y está de más decir que ya sabías hasta en qué gastarías esa utilidad. Sí. La regaste. Expectativas. Esas de las que tanto hemos hablado y que todavía no logramos eliminar del mapa. Déjame decirte que es una lucha constante de todos los días y a larguísimo plazo.

Somos seres humanos y nuestras emociones nos llevarán siempre a querer más, a esperar más, a ilusionarnos y a hacernos el cuento de la casita feliz para futuros próximos o no tan cercanos.

Siempre tendemos a hacernos esperanzas. Está bien, la esperanza y la fe son las que al final de cuentas nos mueven. Aunque hay que cuidar muy bien el equilibrio apropiado de cuánto de esa esperanza y fe pongo en el otro y cuánto pongo en mis propias expectativas, esas que sí dependen solamente de mí para cumplirse.

Bueno, pues ahí está. Ese cliente que esperabas con ansia levantó el teléfono y te bateó. *Home run*. Directito a la desesperación y desolación de los cuentos no cumplidos. ¿Ahora, qué sigue? ¿Busco la forma de llamar su atención nuevamente y me pongo a sus órdenes de todas las maneras posibles esperando que acepte? Seguirse flagelando no aportará nada. Si sientes que ya contribuiste suficiente a la relación y estás al límite de perder la dignidad, detente ahora mismo. Cruzar ese límite te dejará peor. Dale y date tiempo, necesitas tiempo, ambos lo necesitan. Tal vez no está preparado para ti, tal vez está pasando temas personales que lo llevan a no considerarte en este momento, tal vez ya tiene contemplada una mejor opción. Cualquiera que sea la razón de su negativa, arroja el mismo resultado: llevarte a la desesperación. Y contra la desesperación solo hay una medicina: la espera.

> Pon todas tus energías en fortalecerte y redescubrir las ventajas de lo que ofreces antes de salir a buscar a alguien más que te compre.

Relájate y reagrúpate. Pon todas tus energías en fortalecerte y redescubrir las ventajas de lo que ofreces antes de salir a buscar a alguien más que te compre. Debes darte el tiempo suficiente para repuntar tu brillo, buscar en otro lado todavía no es una buena opción. La energía baja y los estragos del fracaso te pueden llevar a malbaratarte, y de eso no se trata.

Recobra fuerzas y vuelve a verte bien, a sentirte importante. Analiza objetivamente tu oferta de valor y sábete merecedor de lo que tú quieres, solo entonces podrás proyectar lo que en realidad eres y en ese momento podrás atraer nuevas oportunidades en verdad convenientes. Vale más un buen cliente con una prometedora relación a largo plazo que un placebo de un ratito, o mejor conocido como *a one night stand*.

Verás cómo funciona. Eso que te dediques hoy a ti será lo que te lleve a encontrar el mercado ideal, ¡y quién sabe!, a lo mejor ese que ahora te está diciendo adiós regresa convencido de que quiere estar contigo. Recuerda que aquí el objetivo siempre será un «felices para siempre» que comienza con un «felices por HOY», solo por hoy.

Incumplimiento a la promesa de valor

Hay una frase que digo en mis conferencias y se comparte mucho: en el marketing como en el amor, el divorcio se da por lo mismo, por el incumplimiento a la promesa de valor por la cual se firmó un contrato o por la presencia de un producto sustituto. A mí me pasaron las dos cosas.

Prometo no llorar mientras escribo esto ni correr al celular para mandarle un pergamino ofensivo al sujeto en cuestión, pero sí, me pasaron las dos cosas y es muy común que sucedan.

No nos casamos, pero casi. En ese idílico tiempo en el que me amaba (como tres meses), nos prometimos la Luna y las estrellas. Ya hablamos mucho sobre el enamoramiento, y bueno, es justo donde estas cosas pasan, donde se ubican las promesas que luego no pueden cumplirse, y entonces, alguno de los dos se da cuenta de que no es suficiente y busca un producto sustituto, uno para el que sí le alcance.

¿Culpa de quién es entonces el divorcio? Pues, aunque me duela decirlo, es culpa mía.

221

Bueno, quitémosle la palabra *culpa* y pongamos *responsabilidad*. ¿Responsabilidad de quién? ¿Del personaje que mientras me conquistaba me dijo que quería pasar el resto de su vida conmigo? ¿Del mismo que consumió y consumió y después dejó la cuenta sin pagar? ¿De la morrita que llevaba minifaldas a la hora de los exámenes? No. La responsabilidad es mía. Yo no hice un estudio de mercado adecuado e ignoré lo que fui viendo en el camino por querer vender. Yo no medí cuál era el presupuesto del cliente ni si le alcanzaría para una supermujer. Yo creí que el amor se construía entre dos, pero no me di cuenta de que en muchas ocasiones yo misma tumbé lo poquito que él levantaba.

Pues sí, la responsabilidad es mía. Me apresuré a prometer y creer promesas sin asegurarme de que el cliente estaba, como mínimo, diciendo la verdad. Y no por mentiroso (también), porque tampoco el cliente sabía a ciencia cierta a qué iba. Yo estaba vendiendo y él estaba convenciéndome de que tenía para pagar. Fuimos, firmamos y luego vimos cómo resolvíamos.

Evidentemente no resolvimos. Ninguno de los dos pudo cumplir la promesa de valor. Y de pronto vi una foto en internet muy familiar que incluía a una desconocida. Mi mejor amiga juró que era la nueva nana de mi hijo, mis otras amigas también. Espero que sí lo cuide, pero no era ninguna nana, era el producto sustituto para el que sí le alcanzaba. Ni modo.

Amor por contrato

No sé si ya te dije, pero soy mercadóloga. No sé si ya te dije, pero una vez me enamoré muchísimo de un notario, más que de nadie y más que nunca (hasta ahora), y esa combinación de profesiones es muy conveniente para algunas cosas, para otras no tanto. Yo con mi creatividad y mi desenfreno, él con su estructura y sus múltiples por qué; yo con las alas abiertas buscando siempre nuevos horizontes, él aferrado a abrazarse a sus raíces. Combinación perfecta cuando se sabe acompañar, letal cuando se contrapone.

Y bueno, en esa historia había un tema que salía a flote en muchas ocasiones: los contratos. El joven de ojos grandes se la pasaba haciendo, revisando y auditando contratos; la mercadóloga de voz armoniosa estaba —y sigue— en contra de las responsabilidades que no se asumen por honor. Así pasábamos días argumentando por qué era conveniente firmar un contrato o por qué los contratos llevaban al conformismo. Al final del día, ninguno convenció al otro, ni en el marketing ni en el amor, pero te dejo sus argumentos y los míos en temas de contratos y abiertamente te sugiero que decidas tú.

Aclaración: solo te dejo los argumentos en temas de contratos, en temas de amor, no acabaríamos nunca y, por supuesto, como eres uno de mis lectores adorados, me darás la razón a mí. Pero él también escribe: si quiere exponer su versión, que escriba un libro.

Él dice que un acuerdo, si no se firma, no sirve de nada; que no existe ley sin castigo; que los compromisos deben avalarse con papeles y fe pública; que está bien confiar en la gente, siempre y cuando esa confianza esté sustentada en documentos firmados, sellados y con folios. Eso dice. Supongo que sabes lo que son las firmas y los sellos, sobre los folios… busca a un notario que sepa para que te explique. Formalidades nada más. P. D. Te vas a aburrir un poco.

Yo digo que las relaciones y acuerdos que funcionan son los que hablan por sus resultados. En la agencia no tengo contratos de plazos forzosos, prefiero cumplir con lo que prometo y que eso haga de mis relaciones autorrenovables. Muchas veces me han quedado a deber, en el marketing y en el amor, y sé que eso se podría prever firmando contratos, pero prefiero trabajar con gente honesta; si un cliente no me paga, asumo el error y no trabajo más para él. Aprendo.

Aparte, el notario decía que muchas de las penalidades en un contrato no se cobraban tan fácilmente; implicaban tiempo, procesos legales, más papeles y abogados que, en realidad, funcionaban como medidas disuasivas para encaminar al cumplimiento en tiempos y formas (porque los abogados juran que usando palabras complicadas suenan más interesantes). En español auténtico, lo que el notario quiso decir es que, cuando alguien firma un papelero que dice todo lo que le podría pasar si incumple alguna cláusula, se siente atado por ese peso y, de alguna manera, se obliga a sí mismo a cumplir.

¿Yo para qué quiero a un cliente que esté conmigo por obligación?

¿Quieres que hablemos del contrato matrimonial? Yo no. Pero te dejo una experiencia personal: ese contrato es sumamente fácil de deshacer, de ninguna manera asegura nada, cuesta más una boda que una camioneta (y creo más productiva una camioneta), y durante la duración de dicho contrato, al sentirse protegidos por ese papel, en la mayoría de los casos, alguna de las partes da por hecho que no tiene que esforzarse ya; total, ya casó a su presa —sí, con «s»—.

A ver, es hermoso darle formalidad, legalidad y conocimiento público a un gran amor como demostración de atención e importancia, no como proceso para obtener credibilidad ni como gancho de enjaulamiento. Reconozcan la importancia de sus *crushtomers*, cásense y todo, pero validen ese acuerdo con actitud y rectitud el plazo más sustentable posible.

Por cierto, pregúntame cuántos contratos matrimoniales he firmado, luego pregúntame cuántos me firmó el prometedor (del verbo «solía prometer y prometer») notario. Irónica la respuesta.

Pero sostengo lo que dije: prefiero que estén conmigo por satisfacción que por contrato. En el marketing y en el amor.

Nota: sí me he casado por el civil —no te quiero decir con quién ni cuántas veces—, por la iglesia nunca. Es superpeligroso decirle mentiras a Dios y no me atrevo a asegurarle a nadie frente al altar que estaré con él hasta que la muerte nos separe. A Dios no se le dicen mentiras... bueno, a nadie, pero menos a Dios.

«Como se abandonan los zapatos viejos», así abandonaron a Joaquín Sabina, a mí, tal vez a ti y, seguramente, a muchos. No hay más que hablar. Llega un momento en el que no se quieren quedar ni contigo ni con el negocio.

> **En el marketing como en el amor, es preferible que te elijan por satisfacción que por contrato.**

La venganza

Quiero comenzar aclarando que la venganza nunca es buena. Es solo una parte del proceso, porque siempre, o casi siempre, que nos sentimos lastimados, queremos ajustar la balanza y no terminar con tantas pérdidas, queremos recuperar lo que podamos mientras vemos cómo se diluye la inversión frente a nuestros ojos. ¿Tristeza? Sí. ¿Coraje? Más.

Ya dijimos que nadie pone un negocio para quebrar y nadie se casa para divorciarse, no en situaciones comunes y normales. Entonces podemos suponer que hiciste lo mejor posible en tus manos para que tu historia funcionara. En este momento es culpa del otro, del cliente. Aun cuando hayamos hablado tanto de la culpa, el autocuidado, la responsabilidad, etcétera. En este momento es culpa del *toxicomer*, punto. Ni modo. No me valoró, no puso de su parte, no supo cómo y, para colmo, me cambió por otra (por otra marca, ya dije); evidentemente me desborda el coraje y el resentimiento me lleva a querer buscar venganza. Quisiera tenerlo enfrente y decirle que me destrozó la vida, que la deuda que dejó me llevó a no poder comprar más mercancía y después a cerrar, que no merecía su indiferencia y que espero que el karma se encargue de darle su lección, y que sea rápido, por favor. Si eso no ocurre pronto, entonces me lleno más de ganas e impulso por cobrarle a la mala, como sea.

Aquí entramos en un punto muy peligroso. Estamos en la línea entre exigir lo que debemos cobrar usando nuestros recursos (legales) para defendernos y quedarnos hundidos en una sed de venganza que infecte nuestras aspiraciones y nos clave en un rollo sin pies ni cabeza.

Ahora quiero decirte que la venganza sí es buena. Sí que lo es. Ese sentimiento habla de lo que te quieres, de lo que te valoras y de lo que significa para ti esto que estás pasando. Eso quiere decir que eres consciente de que le echaste ganas, de que le pusiste tu dedicación y tu esfuerzo y que sientes que no te cumplieron. La venganza es buena cuando la ves como un mecanismo de defensa, y defenderse siempre es parte de auto-cuidarse.

Pero te tengo una noticia todavía mejor. La venganza sirve también para salir de ese hoyo profundo y tomar impulso hacia un lugar mejor, lejos, estable, de aprendizaje y resiliencia, porque no hay mejor venganza que demostrarle a quien no te quiso ni te valoró que vales mucho más de lo que pudo imaginarse, que se quedó sin los rendimientos, sin la oportunidad y que ahora tendrá que verte brillar desde lejos. Aplica para el marketing y para el amor.

En el marketing, como en el amor, si no te valora, perdió la oportunidad de obtener rendimientos.

227

CAPÍTULO 11

MAL DE AMORES

¡Hola!, ¿qué tal? Hemos llegado al tema más importante de todos. «¿Por qué?», te preguntarás. Muy sencillo: es el que mejor conozco. En esto no tengo que leer ningún libro, preguntarle a nadie ni consultar con ningún psicólogo, este tema lo conozco demasiado bien. He pasado tantos desamores a lo largo de mi vida que podríamos decir que tengo una maestría en esto.

A estas alturas del libro ya sabes que me enamoré, me casé, me pusieron el cuerno, me equivoqué, sufrí, me divorcié, pero... ¿cuántas veces crees que me HE roto el corazón? Un montón.

Leíste bien. A pesar de quejarme amargamente de mi experiencia en el mal de amores, reconozco sin duda que me he roto el corazón a mí misma, yo solita, sin ayuda de nadie. En algún punto de la vida entendemos que somos dueños, amos y señores de nuestros corazones. Nadie puede hacer con nosotros nada que nosotros no permitamos, al menos, emocionalmente.

Sí, ya lo entendí. Pese a todo, eso no quita que me siga doliendo esta y aquella cicatriz.

Mal de amores, eso por lo que ya les dije que existen los mariachis. Mal de amores, la razón por la que sientes ese agujero en el estómago, esa parálisis existencial y ese peso en la espalda que se te nota hasta al caminar.

Pensamientos obsesivos de lo que pudo ser, tortura constante en la cabeza buscando porqués, profecía desgarradora de una vida que continúa sin esa persona. ¡Qué horrible es el mal de amores! La pantalla del celular se vuelve la mayor fuente de ansiedad. ¡Qué me escriba! Y si lo hace, ¡qué no me escriba algo que me duela más!

Ahorita no, joven

Es cierto, este libro pretendía explicar el lenguaje universal del glorioso amor a través de la ciencia del marketing, pero a veces, solo a veces, los negocios nos enseñan más del amor de lo que uno piensa.

Insistir e insistir en el amor, una y otra vez, hasta caer en el fatal error de la obsesión nos lleva a lugares inimaginables. Es tanta nuestra necesidad por amar y ser amados que incluso dejamos de lado cosas primordiales y fundamentales. El colmo es cuando ya ni siquiera importa quién sea el *crushtomer*. El nombre y el apellido ya no importan, lo único que queremos es un «mi amor».

Se escucha patético, lo sé, pero es una realidad. Los que pasan (pasamos) de una relación a otra sin remodelar el corazón vivimos atrapados reabriendo una tienda que NO funciona. Es así, no funciona, por mucho que nos esforcemos en pintar las paredes, acomodar diferente los estands, meterle un poquito más de productos al aparador y hasta en bajar los precios saturándonos de ofertas, no funciona.

La ceguera de taller[1] nos ha hecho perder el foco. Ofrecer una tiendita que está por completo revuelta no es congruente ni

[1] Frase popular mexicana que refiere a que dejamos de ver lo que tenemos a simple vista por verlo todos los días.

coherente y, por supuesto, no vende. Sí, drástico e impactante, pero no por ello menos real. Sobre todo, cuando sabemos que esa tienda, en realidad, es nuestro corazoncito, ese que debe ser valorado y altamente apreciado por nosotros mismos antes que nadie, pero ¡atención!, ese corazoncito necesita con urgencia reparación y no puede ser reparado mientras esté en funcionamiento.

Por tu bien y el de tu próximo huésped, te invito a colgarte un letrero que diga: «Cerrado por remodelación». Ciérrale tantito. Dedícale horas al interior, al fundamento, a la raíz. Asegúrate de haber solucionado los *issues* antes de volver a salir al mercado, y hasta entonces abre tu tienda con plena seguridad de lo que vendes.

Eso que te perturba

231

Sí, lo entiendo. Duele. Se siente horrible equivocarse, en el marketing y en el amor. Se siente horrible terminar con tu conciencia repitiendo incansablemente: «Te lo dije».

«Te lo dije, te lo dije, por ahí no era». «No debiste hacer eso». «No hay justificación, porque ya habías cometido ese error y volviste a caer…». «¡Te lo dije!».

Ok, ¿ya terminaste con la tortura o quieres seguir? El dolor es inevitable. El sufrimiento lo deciden tú y tus ganas de flagelarte. Puede ser un mal de amores o un fracaso en el negocio, da igual: te perturba. Uno en las emociones y otro en la cartera, te perturban.

Sí, se siente horrible equivocarse tanto en el marketing como en el amor.

Es momento de detenerte en eso que ahora te perturba tanto, no preguntes «¿por qué?», pregunta «¿para qué?». Te aseguro que todo tiene un *para qué*. Supongo, con casi total seguridad, que no eres capaz de verlo tan claramente como yo. Es normal, estás nublado por lo que sientes. En un momento de «fracaso», las emociones son fuertes, tanto que no te dejan ver más allá de tu nariz; ¡déjalo ya!, es momento de que dejes de ver el árbol y veas el bosque completo.

Podrías hacer una larga lista de todas las tragedias que esto trajo a tu vida, de todas las veces que tu instinto te suplicó parar y de todas las señales que no atendiste a tiempo. Si quieres, hazla, algo aprenderás, pero yo te invito mejor a hacer una lista de los *para qué necesitabas esto...*

Cuando terminas una relación, más allá del dolor y la frustración, que se caracteriza por ser sumamente intolerable, está lo que esa relación satisfizo. Algo hubo, por pequeño que fuera; si no hubiera sido así, ni siquiera habría empezado. Enfócate en eso. ¿Había algo que necesitabas enfrentar?, ¿algo para lo que tener una pareja te daba valor? ¿Necesitabas olvidar urgentemente a alguien? ¿Querías saber que podías, cuando menos, empezar de cero otra vez? La pregunta a la que esa relación ahora extinta responde solo la sabes tú. Encontrarla puede no ser fácil, pero hacerlo será realmente satisfactorio. No solo eso, te enseñará a buscar otras formas de solucionar ese inconveniente que trataste de solucionar con alguien por quien en este momento lloras externa o internamente. Esa relación NO era, en absoluto, la solución a tus problemas.

Aplica igual para los negocios. Si hoy estás en un problema económico por una decisión previa, pregúntate qué intentabas solucionar o satisfacer con esa decisión porque, evidentemente, esa no era la solución. El problema existía, todavía lo hace. Es momento de secarte las lágrimas, prender la razón y analizar qué te falta; incluso ve más allá, busca cómo solucionarlo. Haz que dependa de ti.

Un poquito de dolor y lágrimas caen bien de vez en cuando. Te recuerdan tu humanidad, tu capacidad de sentir y tus ganas de seguir intentando. Es cierto, no funcionó, pero tuviste el valor de intentarlo nuevamente. ¡Llórale bonito!

El novio que me faltaba

Hace un par de años platicaba con un conocido sobre este libro, a modo de broma le decía que me faltaban dos novios para terminarlo. Debo confesar que me ha costado mucho tiempo escribirlo. He tenido que preguntar mucho, leer bastante y experimentar más. Todo lo que aquí digo ya lo viví. Las malas experiencias tenían como propósito algún capítulo o tema de mi libro, al menos puedo decir que nadie me contó cómo se siente un mal de amores. Yo experimenté en carne propia todos y cada uno de los versos, los bonitos y los no tan lindos.

Platicaba con este conocido sobre eso sin saber que él sería uno de esos dos novios que me faltaban. No solo eso, tampoco imaginaba que sería quien le diera tantísimas páginas a la historia. Buenas, muy buenas. Y también malas, muy malas. Él fue uno de mis más grandes maestros.

En el marketing, una vez alguien me dijo que un emprendedor se convierte en empresario después de quebrar tres negocios. Es entonces cuando ya te las sabes, cuando ya pasaste por buenas y malas, cuando ya tienes la experiencia necesaria para que tu próximo intento funcione.

Ya nadie te cuenta las cosas, las vives. Porque contándote te pueden orientar, pero experimentando aprendes porque aprendes. Ya sabes cómo empezar, cómo motivarte, qué acciones sirven y cuáles te perjudican. En el marketing… y en el amor, también.

La experiencia, esa que todos queremos y a muchos nos da tanto miedo vivir, es la que te hace ir siempre a mejor. Claro, si sabes aprender de tus errores.

Pues ahí estaba yo, sentada en un restaurante argentino hablándole de mi libro, viendo cómo se le iluminaban los ojos, presenciando cómo empezaba a surgir el amor entre nosotros. No escribí mucho en el tiempo en que nuestra relación duró, estaba muy ocupada tratando de hacer funcionar las cosas entre nosotros. No escribí mucho, pero de aprender, aprendí tanto, quizás de más.

> En el marketing, un emprendedor se convierte en empresario después de tres fracasos.

Todavía me faltaba uno, ¿recuerdas? Quedamos que antes de él eran dos los novios que me faltaban para terminar el libro.

Este libro ha sido tendencia desde que era una idea y estoy agradecida por eso. En 2017, en una conferencia que di en Viña del Mar, Chile, uno de los asistentes se acercó con mucha seguridad a felicitarme y decirme que le había encantado mi libro; cabe mencionar que dicho libro no había salido ni de mi cuaderno de notas. En 2018, una reconocida cuenta de Twitter me mencionó como la autora de uno de los mejores libros del año. En las dos ocasiones moría de ganas de preguntarles a los emisores de esos halagos cómo terminaba mi libro.

A mi penúltimo novio lo conocí en 2019. Viví con él la conquista, el enamoramiento, los problemas, las mentiras, la inspiración renovada y las terapias. Fue él quien le dio a este libro dos capítulos extra. También me dio un hijo.

Así como hay negocios, también hay personas que nos dejan duras lecciones que quisiéramos aborrecer por las pérdidas que nos generaron, pero no podemos más que agradecer lo que nos hicieron crecer como emprendedores y como personas. Tal como lo hizo ese trabajo en el que te hacían la vida imposible, pero del que aprendiste tanto sobre ti, sobre lo que querías y sobre lo que no, sobre lo que estabas dispuesto a permitir y lo que no.

No he tenido otra relación de pareja, pero tuve al novio que me faltaba.

Después del penúltimo novio, fue tan duro el golpe y tanto contra lo que tuve que enfrentarme de mí misma que me enseñó —por no decir «obligó»— a tener una relación nueva: una relación conmigo misma. Ese era el novio que me faltaba. Relacionarme conmigo. Aprender a vivir y a fluir conmigo, sin otra necesidad más que la de ser y estar.

No lo había hecho antes, vivía de relación en relación. Siempre creí que lo que sentía era culpa —o gracias— de uno o de otro. Ahora no me quedaba de otra. Mi penúltima relación había terminado conmigo embarazada de mi tercer hijo, no tenía ni tiempo ni ganas de pensar en tener una nueva pareja.

Así, sola, obligada por las circunstancias, tuve que seguir con mi vida. Sola tuve que aprender, sola tuve que hacerme compañía y sola aprendí a ser feliz. Él regresó después. Ya les dije que cuando las emociones se recuerdan y se reviven, entonces, los *crushtomers* buscan repetir.

Cuando fracasas una y otra vez, comienzas la nueva historia comercial culpando de tus fracasos a la anterior y buscando remediar tus penas económicas con el nuevo emprendimiento; estás empezando en negativos, no solo por el dinero que

235

perdiste y que debes (o te debes), sino también porque estás empezando igual, buscando el éxito en las satisfacciones que el nuevo negocio te dé.

El éxito está en satisfacer tus misiones, tus pasiones y tus necesidades de crecimiento. La carrera es contra ti mismo y el instrumento eres tú. Nada vas a lograr esperando sentirte motivado cuando las cuentas estén llenas. Nada vas a lograr deprimiéndote y rindiéndote porque los clientes no quieren tu producto. Primero debes quererlo tú, trabajarlo tú, mejorarlo tú.

> El éxito está en satisfacer tus misiones, tus pasiones y tus necesidades de crecimiento. La carrera es contra ti mismo y el instrumento eres tú.

No hay mejor vendedor que el que se compraría a sí mismo. ¿Ya lo pensaste? ¿Vales para ti lo que quieres cobrar? ¿Te valoras lo suficiente como para lograr que ese valor se refleje en el mercado? Eres el novio, o novia, que te faltaba. Eres tu propio propósito.

Depresión cronometrada

No puedo irme del apartado «Mal de amores» sin dejarte herramientas para esos casos de bajones drásticos en el marketing y en el amor. Este es tal vez el conocimiento más valioso que mis tardes de llanto me dejaron: la depresión cronometrada. Le puse así porque, literalmente, me permitía estar *down* con cronómetro en mano.

Por supuesto que pasó. Por supuesto que experimentas tristeza, melancolía, decepción y muchos sentimientos de baja vibración. Los fracasos siempre duelen, por mucho que aprendas de ellos. Dolió, duele, y tienes todo el derecho del mundo a sentir. Es más, para de verdad aprender de esto, entre más lo sientas, más lo entenderás. Pero no es manda ni tortura; ya bastante tienes con los platos rotos del negocio y las penas en los amores para seguirte flagelando. Por eso, ponte *timer*.

Si te sientes mal y solo quieres pasar el día mirando el techo mientras recuerdas esos tiempos en los que se amaban profundamente, desgarrándote las vestiduras y conteniendo la respiración, date. Hazlo. Está bien.

Si te sientes mal y solo puedes pensar en lo mucho que te ilusionaba ese negocio y en todos los errores que cometiste o que crees que cometiste —también mientras miras el techo y sufres sin compasión—, date. Hazlo. Está bien.

¡Con cronometro en mano! Tienes derecho a sentir, a que te duela y hasta a sufrir, pero si le das rienda suelta a tu cerebro lamentador, salir de ahí no solo te va a costar trabajo, sino que te robará mucha energía que podrías estar usando a tu favor. Ahorita no. Ahorita en nadie. Ahorita en nada. Pero la estás desperdiciando de igual manera. Entonces, mi solución a esos momentos fue y sigue siendo dejarme por ratitos y rescatarme por otros.

237

Media hora, con cronómetro, de sufrimiento y lamentos. En cuanto suene la alarma, levántate, cambia de pensamiento, cambia de actividad. Ordena un cajón, habla con un amigo de un tema diferente, contesta correos, cepilla a tu perro, lo que quieras, pero salte, con cronómetro, del hoyo, también por un tiempo específico si quieres. Ponte un mínimo. Aguanta cuando menos 15 minutos en otro canal y, después, si lo necesitas, vuelve a tu depresión si, y solo si, está cronometrada. Nunca pases más de 30 minutos sin salir del bache a tomar oxígeno.

Hoy voy a cambiar

> **En el marketing como en el amor, allá afuera, para alguien, eres una necesidad.**

No hay mejor impulso para una persona terca que decirle que no puede. Yo soy una persona terca. Ese pedacito de ego que llevo en mi ser me funciona mucho en las ocasiones en las que me caigo. Muchas de las cosas que he logrado no imaginé siquiera que sería capaz de conseguirlas ni en mis mejores momentos. Tuve que enfrentarme a situaciones de extrema necesidad para sacar fortaleza de mis desconocidos talentos y salir adelante. Por extrema necesidad no me refiero siempre a la económica, que también he pasado y he resuelto, me refiero más a la necesidad emocional.

De pronto, en entrevistas, me preguntan: «¿Cómo has hecho para levantarte de los momentos difíciles?». Me encantaría contestarles que de saber que tenía opción de quedarme tirada, me habría quedado tirada. Desconocía que se valía; según yo, no quedaba de otra. Pero afortunadamente, en esos momentos de adversidad, entre la lloradera y la melancolía, he podido continuar. Y cuando me doy cuenta del avance que llevo sin ser siquiera consciente de eso, por pura supervivencia, me parece espectacular cómo el instinto humano nos ayuda a sacar mucho bueno del tiempo malo.

Está muy bien que te digan que no puedes, ese también es un impulso para poder, para demostrar que lo que no te mata te hace más fuerte. Está bien que las cosas no hayan salido como esperabas y que lo que te prometió tu *crushtomer* haya sido un total engaño, pues te enseñó a prever antes de creer, motivándote a seguir creyendo, porque sí, en el marketing como en el amor, allá afuera, para alguien, eres una necesidad.

Imagina todo de lo que puedes ser capaz si te das otra oportunidad después de la adversidad. Me cuentas.

¿Felices para cuándo?

Yo también me confundí, yo también creí que el amor era limpio y puro, el sentimiento más honesto donde la autenticidad reinaría y la lealtad estaría presente como ingrediente principal. Yo también creí en el «felices para siempre», en los cuentos de hadas y en el caballero de corcel blanco que vendría a rescatarme del maligno villano que había roto mi corazón.

Pero no fue así. Mis expectativas, mis ilusiones y todos esos sueños se derrumbaron y terminaron doliéndome mucho. Es muy riesgoso creer que las personas y las situaciones son tajantes e inflexibles. Exigir una relación perfecta nos lleva a la frustración total. Conocer a una persona no nos garantiza que la conozcamos realmente, es decir, podemos haber invertido mucho en la investigación de nuestro mercado, haber pasado por desavenencias y desventuras en los primeros años de enamoramiento, superado problemas, considerado nuestra relación madura y nuestro objetivo conquistado, y aun con todas esas variantes seguras, estamos en pañales y casi en el mismo lugar donde empezamos. Las relaciones, querido lector, en el marketing y en el amor, NUNCA son iguales, nunca permanecen iguales y, lamentablemente, son muy poco predecibles.

Es cierto que en la medida en la que tomes experiencia, tendrás mayor facultad para darte cuenta de que algo no anda bien en los primeros momentos en los que empieza a manifestarse el

239

problema, pero eso no quiere decir nada. Tu sexto sentido sigue siendo un presentimiento sin fundamento hasta que sucede. No puedes ir por la vida temiendo a las señales de que ese tu nuevo *target* no parece estar siendo congruente. ¡Ojo! Tampoco puedes ir perdonando patanerías solo porque así es la humanidad.

En el marketing y en el amor, las relaciones nunca son iguales y son poco predecibles.

¿Y entonces? ¿El «felices para siempre»? ¿El «felices» para cuándo? Es la pregunta sin respuesta. Eso es lo emocionante, lo motivante, lo frustrante y lo difícil.

El «felices» no es un estado que llegará con el tiempo, no es un *gap* o un objetivo que pueda cumplirse cuando los balances y los estados financieros estén ya en números negros. Ni siquiera esa sensación de éxito al ver que tu producto no deja de venderse por cajas y cajas. El «felices para siempre» es un trabajo de toda la vida. Ojalá en el marketing tuviéramos la permanencia

> El «felices para siempre» es un trabajo para toda la vida.

voluntaria en el mercado, ojalá en el amor tuviéramos la certeza de que nuestra relación no terminará nunca. Esa certeza que juramos que nos llevaría a darlo todo por el todo, y entonces sí, entrarle con todos los kilos y jamás cometer errores.

¿Cuántas veces hemos mirado con celos a esa pareja ideal por no tener lo mismo que ellos? ¿Cuántas veces hemos mirado a esa tienda tan bonita con el recelo de no tener lo mismo? Vamos por la vida observando las cosas desde afuera, sin saber lo que cuesta mantener los estands presentables, sin saber lo que cuesta perdonar, una y otra vez, hasta volver a adaptarse.

Como he dicho en incontables ocasiones en este libro, la fórmula mágica no la conozco, ni en el marketing ni en el amor, pero entre lo que he aprendido a prueba y error, a moco y baba, hay cosas que quisiera compartirte:

> No existe el mercado perfecto. No existe tampoco la pareja perfecta.

- La pareja y el mercado perfectos los haces tú y duran solamente un ratito, unos cuantos meses o unos cuantos años. Suponen un reto del día a día y a muy largo plazo.
- En el amor debes no idealizar. Debes ser capaz de ver al otro como es, un ser humano con errores, con derecho a equivocarse, con carencias, con una forma de pensar diferente de la tuya y diferente de todos los demás. Debes darle el valor de individuo que tiene, en términos de individualidad y *uniqueness*. Él o ella, por más investigado que sea, no responde a un patrón, puede cambiar de la noche a la mañana y puede mover tu mundo entero sin que te des cuenta.
- Tu relación no depende solamente de ti, es el tipo de cosas que justamente necesita de dos partes, de dos lados. A veces uno está muy bien y el otro no, a veces uno quisiera muchas cosas y el otro no, a veces los dos luchan día con día por la relación, pero no con la misma fuerza o a la misma velocidad. Afortunadamente en el amor, cuando es amor de verdad, el equipo y el esfuerzo es de ida y vuelta.

Así como ves desde tu trinchera a ese tu amorcito como tu *target* bien construido, bien conquistado, bien cuidado, con necesidades de atención y servicio al cliente, así también te ve él

241

desde su lado. Tú también eres mercado para alguien. Los dos necesitan ejecutar sus estrategias y sus procesos para garantizar que la relación funcione, una y otra y otra vez, evolucionando con el tiempo, creciendo y cambiando con la vida, volviendo a adaptarse y volviendo a conocerse, perdonando y aceptando. Continuando con la firme convicción de no saber si es para siempre, si tiene un cuánto o si tiene un fin.

Lo que sabes es que quieres el *felices* y eso vale todo, todo el esfuerzo. Los días felices que ya viviste y los días felices por venir cuestan mucho, muchos días no tan felices, muchos días incluso insufribles y lamentables. Solo tú y tu pareja saben cuántos y hasta dónde, pero el *felices* lo vale.

En términos de marketing no funciona tan similar. En este contexto tú eres la marca luchando contra la corriente por enamorar cada día a tu mercado. En ese caso las infidelidades no son tan duramente juzgadas ni la lealtad depende de los clientes. El trabajo duro es esfuerzo constante, los kilos los pones tú, la relación no es tan de ida y vuelta. Tus clientes pueden decidir dejarte e irse con otra marca sin previo aviso y nadie los culpará. No habrá consecuencias ni podrás odiarlos y hablar mal de ellos a altas horas de la noche mientras terminas un litro de helado desde el fondo de tus cobijas frente a tus amigas. Esa relación no depende de dos, depende de ti. Si el amor es complejo, el marketing lo es más. También es satisfactorio y motivante en igual medida.

En el marketing como en el amor el problema es el mismo: la historia se repite y la pasión se agota. Hay negocios que no deben continuar, continúan por tradición y por orgullo (del malo, del que nace del ego). Matrimonios y relaciones que no deben seguir continúan por tradición, por presión social y por honrar a la abuela. A estas alturas seguimos queriendo concentrarnos en el «para siempre» sin entender que el «felices» va primero, siempre y primero. El «para siempre» es lo más incierto y peligroso que una relación amorosa o comercial tiene.

En el marketing como en el amor, hay relaciones que no deben continuar.

El mercado perfecto no existe ya que cambia día a día, responde a los estímulos de otras marcas, de otros actores, de las circunstancias que pasan a su alrededor. El mercado perfecto no existe. Habrá quienes no te paguen, no te respeten o simplemente nunca lleguen a amarte. No existe nada que puedas hacer al respecto. Lo que sí puedes hacer es continuar amando tú, continuar dando tú, continuar luchando tú.

243

CONCLUSIÓN
DESNUDA

No me gusta la publicidad engañosa, así que te voy a decir de tajo que el título de este segmento debería ser «Descúbrete», pero sí me gusta llamar la atención, y «desnuda» causa más curiosidad.

He descubierto tantas cosas de mí misma que no tenía ni idea de que existían que si regresara en el tiempo a antes de equivocarme, me volvería a equivocar nada más por volver a conocerme. De entrada, si no me hubiera divorciado dos veces, no habría escrito este libro. Habrá quien se atreva a decir que no tengo credenciales para hablar del amor, pues no tengo un matrimonio sólido ni de muchísimos años, pero todo lo que el proceso del amor conlleva lo he experimentado. De amor puedo hablar por el simple hecho de saberlo y de sentirlo, y de infidelidad, problemas, mentiras, divorcios, conquistas, investigaciones de mercado, etc., etc., etc., nadie me contó.

Así nació mi pasión, así encontré mi propósito, equivocándome y construyéndome una y otra vez. Así se forjan legados y caminos sustentables, sin rendirse, hasta llegar al punto de estar desnudos frente a uno mismo, descubiertos de todo eso que creímos no poder hacer e hicimos. Pedir ese crédito, abrir tu negocio, conseguir buenos proveedores y tener muchos clientes, pagar ese crédito y ganar más. No sabías que eras capaz de lograr nada de eso hasta que lo hiciste. ¿Quién sabe?, a lo mejor hay muchas cosas más que podemos hacer que aún no hemos descubierto. Desnúdate, descúbrete, atrévete.

Mi bebé y el bebé de mi exmarido

Es duro decirlo, pero ni en el marketing ni en el amor, la eternidad tiene fecha. No estamos seguros de nada. La permanencia depende de tantos factores que se vuelve un trabajo diario y de largo plazo, constante, cíclico. Lo importante es la perseverancia, pero más lo es la fortaleza y la tolerancia a la frustración.

Siendo las 2:38 p. m. del domingo 26 de marzo de 2023, quiero externar un agradecimiento público a mi marido número dos, papá de mis hijos mayores, que esta mañana me trajo de desayunar. No saben lo bien que me cayó el desayuno después de que anoche me desvelé en un evento de vinos con mis ahora mejores amigas. Sábado sin hijos, repartidos con sus respectivos padres, en un viñedo muy bonito de un buen amigo, vestidas de blanco y cantando con el mariachi a todo pulmón. Hay fotos en Instagram y todo.

El agradecimiento es muy sincero, pero sobre todo muy significativo. Ese hombre y yo nos dimos hasta con el sartén (esa es una frase mexicana para decir que el pleito estuvo fuerte): que si la pensión, que si los bienes, que si las infidelidades, bueno, hasta estridentes mentadas de madre. Pues sí, el viacrucis de un divorcio. Pero pasó el tiempo, los dos le bajamos de humos y nos hicimos grandes amigos, hasta socios somos, empezando por nuestra sociedad en la crianza de nuestros hijos.

Mi marido número dos me hizo enojar muchísimo, es más, puede que alguna de las historias de terror escritas con ardor en este libro se traten sobre él. Evidentemente por cuestiones legales no puedo decir cuál ni quién. Pero ya nos perdonamos. Todavía de pronto nos peleamos, porque las capas que cada uno tiene y que nos hicieron llegar al divorcio no se quitan, se pulen, maduran y se mejoran, pero ahí siguen. Ahora, cada que discutimos por algo, es casi tradición que al día siguiente, o en un par de días, uno de los dos le escriba al otro un mensaje diciendo: «Oye, ya estamos despeleados, ¿sale?».

Sí, persona que lee este libro y que se está divorciando o ya se divorció, se puede llegar a tener una buena relación con tu ex (no con todos), pero cuesta muchísimo trabajo. Muchas citas en el psicólogo, mucho crecimiento personal y a lo mejor hasta polvos mágicos, pero te prometo que se puede. El amor no se crea ni se destruye, solo se transforma, y no, no estoy siendo positivista absoluta. Tienes todo el derecho de decir que yo hablo desde mi experiencia y que qué voy a saber yo, si a mí me tocó un exmarido que me trae de desayunar un domingo. Ajám... También tengo otro, el marido número uno, con el que nunca volví a hablar y del que me tuve que curar solita las heridas. Y tengo un marido 2.5 con el que al día de hoy no hablo, porque nada más de verlo lloro, que ni mi marido fue, pero ya te dije en este libro muchas veces que es un Pokémon que todavía no evoluciona. Entonces, hablo de cómo me fue en la guerra, sí —perdón, quise decir en la «feria»—, y espero que para el segundo volumen de este libro, te pueda contar un final todavía más feliz.

¡Ah! claro, esta sección se llama «Mi bebé y el bebé de mi exmarido» porque los dos tenemos niños de 2 años. Él se volvió a casar y tuvo a un adorado niño de ojos claros y bonitos.

247

Yo me enamoré profundamente y tuve a un amor mío pequeñín de ojos oscuros, grandotes, hermosos y profundos. Tienen casi la misma edad (por días) y los he visto jugar juntos. No son hermanos. Es hijo suyo y lo amo como si fuera mío. Es hijo mío y he visto que lo quiere mucho también.

A lo mejor tu estrategia no funcionó y hasta en tribunales terminaste, como Pepsi con su avión. Hay veces que el tiempo acomoda de nuevo las piezas y hasta puedes sacar algo grande, productivo y constructivo de lo malo que en el juzgado pasó.

Siempre apasionada

Hola, ¿cómo estás? Bienvenido al final de mi primer libro. Bienvenida también yo, que lo estoy escribiendo. En este momento me conoces muy bien, ya conoces mis historias de triunfo y de fracaso, en el marketing como en el amor. No sé cuánto tardaste en leer este libro; yo en escribirlo tardé un Luis, dos Franciscos, un Mauricio, un Hugo y una yo. Hoy soy solo yo.

Hace ya varios meses que estoy soltera, sigo haciendo marketing… Momento. Detente. Me voy a volver a enamorar, no tengas miedo. Yo siempre me reinvento y AMO las relaciones. Hoy, tengo la fortuna de divertirme mucho conmigo misma, de salir al súper los domingos sin necesidad de un marido que pague la cuenta (esa era una de mis necesidades), sé cambiar focos, ya tengo los hijos que tendré y «I can buy myself flowers». Así que creo que estoy preparada para ahora sí comenzar mis historias de AMOR principales. ¡Qué emoción! A lo mejor sigo sin atinarle en el amor, pero de que tendré más que escribir, tendré.

Hubo mucho dolor, muchos momentos buenos, muchas sonrisas y mucho llanto, en el marketing y en el amor. Escribir este libro no solo me enseñó a relacionarme conmigo misma y a entender mejor las relaciones que debo crear para mis marcas. Me enseñó también a creer siempre en la pasión con la que se deben hacer las cosas. A no rendirme, a perseverar y a levantarme de los problemas que me impidan cumplir mi objetivo. A tener un objetivo claro también.

Cuando empecé a escribir este libro, soñaba con entrar a una librería y oler las páginas de uno que llevara mi nombre y mis historias. Soñé con compartir mi corazón y mi marketing con todos los que, como yo, gozan tanto de leer. Soñé también con una familia unida, un grupo de amigos sólido, una empresa redituable y un «buenas noches» sereno.

Aquí te va mi última historia. El día que sospeché estar embarazada de mi tercer hijo, hablé con mi entonces pareja y con mi entonces mejor amiga. Tenía ya un par de años escribiendo este libro y mis ilusiones estaban contrapunteándose. No creía ser capaz de sacar un libro si tenía otro hijo, un bebé. Me consternaba de verdad y, como fiel romántica, estuve dispuesta a dejar este mi sueño, por cumplir ese otro: tener un hijo con el hombre que tanto amaba. Hablé con ellos, con mi novio y con mi mejor amiga. Ella no es importante ya. A él le platiqué mis sueños, le dije que estaba convencida de postergar mi libro, pues no había nada en este mundo que yo quisiera más que tener un hijo con él. Me dijo que mejor sacara mi libro.

Mi sospecha de embarazó en esa ocasión fue solo sospecha. Meses después, pasó. El 18 de mayo de 2020 quedé embarazada.

Tengo un tercer hijo que hoy tiene 2 años. Ella ya no es mi amiga ni él es más mi pareja, pero sí es un buen papá. Tuve a mi hijo estando con el corazón muy roto.

¡Mis sueños se cumplieron! Tengo una familia unida: mis tres hijos y yo. En estos años, con cada fracaso se han sumado a mi mesa amigos leales e increíbles que hoy integran mi tribu. Toqué puertas que no me abrieron y un día le escribí por LinkedIn al vicepresidente de Grupo Planeta (dicen que siempre apuntes a la Luna, en una de esas caes en las estrellas), le interesó mi idea y me redirigió con la directora editorial: caí en la luna.

Creo que nunca terminaremos de aprender de marketing ni de amor. Son ciencias que se crean todos los días y evolucionan al día siguiente. Las dos vienen de convicciones que buscan conexión, las dos surgen y se doblegan ante nuevos conceptos de relación y terminan donde empezaron: las emociones que generan una reacción y respuesta en ti y en el otro.

Termino esta página con un muy sereno «buenas noches», con las emociones completas y con la convicción de que siempre se puede. Mientras la pasión no falte, todo saldrá bien tarde o temprano: en el marketing como en el amor.

AGRADECIMENTOS

Gracias, Sofi, Mau, Panchisco, por darme siempre las fuerzas para levantarme de la cama.

Gracias, papá, por heredarme la mitad de tu inteligencia. Gracias, mamá, por aguantarme. Gracias, tías, por siempre estar.

Gracias, Laura, por enseñarme a escribir sin tantas comas. Gracias a mi tribu por crecer unidas: Bety, Vane, Vero, Teri, Isa, Livier, Yam, Almita, Sandía de mi corazón. Gracias a ese, al otro y al otro que me hicieron vivir lo que aquí relato. Gracias, Francisco del 2019.

Contigo